歴史地図本 知って訪ねる 京都

● 千年の都の光と影 ─ 7

四神に守られた 平安京生まれる ─ 8

千年の都、造営！ ─ 10
「平安京」と現代の「洛中」

桓武天皇の二度にわたる遷都 ─ 12

怨霊うごめく王城を守る神社仏閣 ─ 14

【歴史探訪ガイド】延暦寺と里坊周辺 名僧を輩出した聖山と坂本の社寺をめぐる ─ 18

[古寺を訪ねる] 京の鬼門を守り、多くの名僧を送り出した **延暦寺** ─ 22

[古寺を訪ねる] 昔も今も、京都の玄関口を守り続ける **東寺** ─ 24

[古寺を訪ねる] 平安仏教の二大巨星 理想に燃える求道者**最澄**と空前絶後の大天才**空海** ─ 26

都の守り神、坂上田村麻呂が建立した **清水寺** ─ 29

【歴史探訪ガイド】清水寺周辺 平家ゆかりの古寺と観音信仰の霊場をめぐる ─ 30

都の闇を照らし出す **陰陽師** ─ 32

森羅万象を読み解き、都を呪いから守った陰陽師 **安倍晴明** ─ 34

史上最強の怨霊と化した **菅原道真** と天神さま ─ 36

【歴史探訪ガイド】北野天満宮周辺をめぐる あがめられる菅原道真と安倍晴明ゆかりの地 ─ 38

神護寺

上賀茂神社

『紫式部日記絵詞』より

大文字送り火

- 都の大路小路をめぐる **魂鎮めの祭** —— 42
- 平安京以前に起源をもつ **葵祭** —— 42
- 魂鎮めと疫病退散を願った御霊会に起源をもつ **祇園祭**と山鉾巡行 —— 44
- 桓武天皇を祭神とする時代絵巻 **時代祭** —— 45
- 平安の闇を彩る **五山の送り火** —— 46
- 【京の通り名】あねさんろっかくたこにしき……、手まり歌に読み込んだ **京の通り名** —— 48

● 平安貴族の歴史舞台 知って訪ねる —— 49

- 恋する貴族たち **王朝文学の都** —— 50
- 最古にして、最も魅力的な京都ガイドブック 『**源氏物語**』 —— 54
- 【歴史探訪ガイド】嵯峨・嵐山周辺をめぐる 『**源氏物語**』と『**平家物語**』二大傑作の舞台 —— 56
- 【歴史探訪ガイド】光源氏が若紫を見初めた「北山のなにがし寺」とされる **鞍馬寺** —— 58
- 【歴史探訪ガイド】鞍馬寺・貴船神社 伝説の宝庫・**鞍馬と貴船の里** —— 60
- 【歴史探訪ガイド】貴船神社と和泉式部 「冥きより冥き道にぞ入りぬべき」和泉式部の恋の巡礼と、女人往生 —— 61
- 内裏で繰り広げられた **藤原氏の栄華と陰謀** —— 62
- 【古寺を訪ねる】この世に「浄土」を再現した藤原氏ゆかりの寺 **平等院** —— 66
- 【歴史探訪ガイド】宇治周辺をめぐる 藤原氏ゆかりの古寺と『**源氏物語**』の舞台へ —— 68

祇園祭

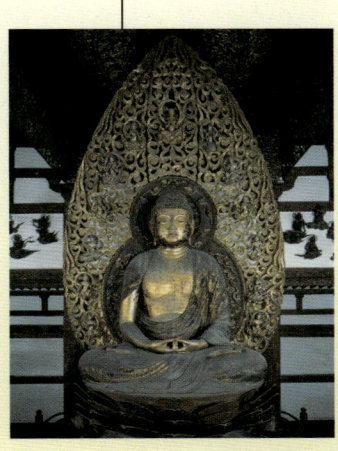

平等院鳳凰堂の阿弥陀如来

● 寺のまち京都と名僧たち　知って訪ねる ── 69

庶民を苦しみから救った名僧たちゆかりの古寺 ── 70

【歴史探訪ガイド】知恩院～平安神宮周辺
　念仏が響きわたる法然ゆかりの知恩院 ── 74

古寺を訪ねる
民衆を救う「他力」の教え　親鸞ゆかりの西本願寺　東本願寺 ── 76

王朝文化の面影を伝える東山山麓 ── 78

大徳寺

● 花ひらく室町文化　知って訪ねる ── 81

日本美の原点室町文化の華と「わび・さび」 ── 82

【歴史探訪ガイド】金閣寺～広隆寺周辺
　3代将軍足利義満が贅を尽くした金閣寺 ── 86

古寺を訪ねる
王朝人と室町武将ゆかりの史跡をめぐる ── 88

禅宗文化の粋を集め、わび・さびの世界が広がる銀閣寺 ── 90

【歴史探訪ガイド】銀閣寺周辺をめぐる
東山屈指の名刹と桜や紅葉の名所 ── 92

京都の祭・年中行事 ── 94

法然院

千年の都の光と影

知って訪ねる

四神に守られた平安京生まれる

青龍(せいりゅう)
東の守護神は、青龍。清い水流の象徴である。平安京では鴨川がそれにあたる。鴨川の上流には古代豪族鴨氏がまつる社（のちの上賀茂・下鴨両神社）もあった。

巨椋池(おぐら)
往時は周囲16kmあった池。徐々に縮小し、1933年（昭和8）の干拓事業で完全に消滅した。

794年（延暦13）、桓武天皇の命をうけ平安京が建都された。新たな都が築かれた山城の地は、水陸の地の利にすぐれ、中国渡来の思想「四神相応」という東西南北の守護神に守られた「形勝」の地だった。

玄武（げんぶ）
北の守護神は、亀と蛇の合体である玄武。竜脈とよばれる気の流れの発進地である丘陵が求められた。平安京では船岡山がそれにあたる。

白虎（びゃっこ）
西の守護神は、白虎。都にこもった邪気を逃す道が求められた。平安京では山陰道がそれにあたる。

朱雀（すざく）
南の守護神は、朱雀。川が注ぎ込む池が求められた。平安京ではかつて鴨川と桂川の合流点近くに広がっていた巨椋池がそれにあたる。

千年の都、造営！

平安京は唐の都、長安を手本に造営された。碁盤の目のように整然と区画され、最新の都市機能がつまった都城は、東西約4・5キロメートル、南北約5・2キロメートルの広さがあった。

京都屈指の古社
上賀茂神社と下鴨神社

両社とも創建は平安遷都以前にさかのぼる。豪族・鴨氏と関わりが深く、桓武天皇が王城鎮護の神として重視。以後、山城国一宮として崇敬された。有名な「葵祭」は両社の例祭。→P42

下鴨神社境内にある糺の森。

上賀茂神社

下鴨神社

賀茂川

高野川

吉田山

現在の京都御所

二条城

左京

東市

東海道本線

京都駅

東寺

鴨川

東山

雨乞いの地ともなった
神泉苑

平安京造営時に自然の池を利用して築かれた庭園。桓武天皇以来、天皇の遊宴の場となった。その後、雨乞いの祈祷所ともなった。

平安京の台所
東市と西市

都びとの食料や雑貨の商いを行なった。東西それぞれ数十件の店が並び、正午に開門し、日没前に閉門されたという。

平安京の玄関口を守った
東寺

西寺とともに平安京造営時に築かれた官設寺院。→P26

都びとの命脈
鴨川

源流は丹波山地で、高野川との合流点までは「賀茂川」、そこから下流を「鴨川」と書く。遷都以降、輸送や行楽、近世以降は友禅染めの用水と、都びとに不可欠の水路だった。

平安京復元模型（京都市歴史資料館）

聖徳太子ゆかりの 広隆寺

7世紀の創建という京都随一の古刹。一帯は渡来系の有力豪族で土木技術に秀でた秦氏が住んでいた。有名な弥勒菩薩半跏思惟像は秦河勝が聖徳太子から賜ったもの。

みやこの中のみやこ 内裏と大内裏

「内裏」は天皇の住まい。「大内裏」は内裏と中央省庁を含んだ都の中心部。内裏は禁裏・皇居、大内裏は平安宮・宮城ともいう。
→P.62

大内裏を模してつくられた平安神宮。

造営の基準点 船岡山

標高はわずか112メートルだが、周囲から独立した丘陵のため平安京造営の基準地とされたらしい。都の中央を貫く朱雀大路は、この山のほぼ真南に築かれている。

船岡山▲

大内裏 内裏

広隆寺

山陰本線

朱雀門 神泉苑
二条駅
朱雀大路

右京

丹波口駅
現在の千本通り

西市

西寺

西大路駅

羅城門

鳥羽の作り道

桂川

王城の西の抑え 桂川

上流は保津川、京都盆地に入って桂川となり、京都南部で鴨川と合して淀川に注ぐ。

平安京の正門 羅城門

「羅生門」ともいう。間口七間（約12メートル）、朱塗りの柱、本瓦葺きの堂々たる建物だったが、やがて朽ち果てて様々な伝説を生んだ。

都への公式道路 鳥羽の作り道

平安京造営にあたって開かれた新道。鴨川下流の鳥羽の港に到る。物資や外国からの賓客は鳥羽からこの道を通って、都に入った。

桓武天皇の二度にわたる遷都

天皇は、生涯に二度の遷都を断行した。系統のすぐれない自らの皇位を正当化し、新しい王朝にふさわしい都としてつくられたのが長岡京である。しかし、早良親王のたたりが報告され、わずか10年で廃棄される。次の平安京造営は、より周到に進められ、遷都後、主要施設がほぼ完成するまでに約12年もの年月がかかった。桓武天皇の死後におこった薬子の変では、平城上皇が平城京への還都を企てるも鎮圧される。逆にこれが契機となって平安京は首都として定着。名実ともに「万代の宮」となったのである。

810年 薬子の変
またまた平城京に遷都か？

桓武の子・平城上皇が、寵愛する薬子らとともに権力奪取を目指して起こした乱。嵯峨天皇と平城上皇から命令が出る「二所朝廷」の状態となる。平城上皇が「平城遷都令」を出し、挙兵するが失敗。わずか数日で反乱は終息する。

［イラスト作成／今尾恵介］

は平安京遷都以前から京都盆地に勢力をもっていた氏族名。都の建設予定地周辺には、土木技術に優れた秦氏や、水のことを司る鴨氏（賀茂氏）など有力な氏族が勢力を張り、平安京造営に大きく貢献した。

遷都後も都の造営は続くが、805年、「万民を苦しめる」という藤原緒嗣の献策によって、都の造営と蝦夷征伐は中止された。桓武天皇が崩じたのは、その翌年である。810年、平城還都をもくろむ薬子の変が失敗し、平安京は都として定まった。

794年 平安京 へ遷都。

鴨氏

桂川

秦氏

桂

種継暗殺事件に連座し、早良親王憤死。その後、桓武の身辺に不幸が続き、早良親王の怨霊によると占いに出る。2度目の遷都を決意。

784年 長岡京 へ遷都。

土師氏

長岡天神

長岡京

淀

平城京 781年 桓武天皇即位。

南都仏教勢力や藤原氏など在来勢力をおさえ、天皇親政のため、平城京を棄てて長岡京へ遷都を決意。

桓武天皇の二度にわたる遷都

奈良時代末、光仁天皇と渡来系の高野新笠との間に生まれた桓武天皇は、旺盛な権力意思を発揮して、平城京から長岡京へ、そして平安京へと、生涯に二度の遷都を行なった。その一方、謀反の疑いで死に至らしめた弟・早良親王らの怨霊に終生苦しめられた。

781年（天応元）
血塗られた皇位継承者
桓武天皇即位。
皇統は天武系から天智系へ

桓武天皇関係系図

桓武天皇は、光仁天皇の第1皇子であるが、母・高野新笠の家柄が低かったため、当初、皇位継承者の立場になかった。ところが、父・光仁天皇の皇后・井上内親王（聖武天皇の娘）が天皇を呪詛したとして、子の他戸親王ともども幽閉されて亡くなるという奇怪な事件が起こり、かわって皇太子となったのが、山部親王、のちの桓武天皇である。

781年、ついに待望の皇位についた桓武天皇は、翌年、聖武天皇の娘のなかで最後に残った不破内親王と、その子氷上川継を謀反の罪で捕らえ流罪にしてしまう。こうして光仁・桓武両天皇は、井上と他戸、不破と氷上川継という2組の母子を抹殺することによって、自らの皇統を確立した。

784年（延暦3）
藤原種継暗殺事件に連座して
長岡京遷都。
弟・早良親王、怨霊と化す。

即位したものの、桓武の即位を面白く思わない勢力の不穏な動きが続き、桓武は旧勢力の残る平城京を棄て、山背国長岡村に都をうつした。

ところがある夜、長岡京造営の責任者・藤原種継が殺害される。犯人を捕らえて厳しく追及したところ、中納言**大伴家持**が暗殺計画を進め、桓武の弟の皇太子・**早良親王**も事件に関与していたという。

早良親王は幽閉されるが、無実を叫んで食を断つこと十余日。淡路に移送される船中で没する。翌月、桓武天皇の長子、安殿親王（のちの平城天皇）が皇太子に立てられた。

ところが早良親王の憤死後、桓武の身辺では不幸な出来事が続く。母や妻たちが相次いで没し、皇太子の安殿親王は不可解な病にかかる。陰陽師に占わせたところ、早良親王のたたりと出た。長岡京の放棄が決定されたのは、怨霊が占いに出てまもなくのことであったという。

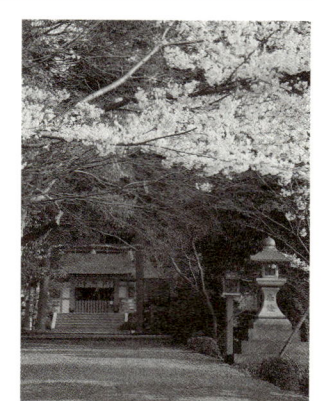

大原野神社。長岡京遷都にともない、皇后藤原乙牟漏が奈良の春日大社を勧請して建立したのが起源。

794年（延暦13）
わずか10年で長岡京に見切りをつけ
平安京へ遷都。

莫大な労力と資材を投入した長岡京ではあるが、種継暗殺や早良親王の怨霊で汚点がつき、洪水による被害も度重なった。いつしか桓武天皇は、もっと本格的な都をつくろうという意欲を抱くようになったらしい。大好きな狩りにかこつけて候補地を調べ、京都盆地に新京が造営されることになった。

桓武天皇が平安新京に移ったのは794年10月22日である。この日は辛酉、陰陽道でいう「革命」のときにあたる。桓武は詔を下し、この都を平安京と名づけている。

「此の国、山河襟帯、自然に城を作す。この形勝によりて新号を制すべし。よろしく山背国を改めて山城国となすべし。また子来の民（高徳の君のもとに喜び集まる民）、謳歌の輩、異口同辞し、号して平安京といふ」

平安京は、飛鳥→藤原京→平城京→長岡京へと、北へ展開した京の終着点であった。もっとも、都の基礎が固まるまでにはもう少し時間を必要とし、嵯峨天皇の時代に定まる。

平安神宮の正面に位置する応天門。平安京の朝堂院にあった建物を約8分の5に縮小して復元。

810年（弘仁元）
薬子の変。
またまた平城京へ還都か？

上皇を巻き込んだ政変劇「薬子の変」の薬子とは、長岡京造営の責任者で、暗殺された種継の娘である。藤原縄主と結婚。長女が皇太子・安殿親王（平城天皇）の後宮に入ったのがきっかけで、母親薬子も安殿の寵愛を受けるようになる。

それを知った桓武は激怒して薬子を追放するが、桓武が没し平城天皇が即位すると、尚侍（女官長）に返り咲いた。平城より7歳年上の蠱惑的な女性であったらしい。

平城天皇は、もともと病弱であったろうか。今でいう神経症のようなものだろうか。病気が悪化した平城天皇は、809年、弟の嵯峨に位を譲って、旧都平城京に移り住む。その後、平城上皇は「平城京遷都令」を出して嵯峨天皇と対決するが、結局敗れて上皇は落飾し、薬子は自殺。平城還都は幻と消えたのである。

桓武天皇と渡来氏族

◆百済系の母をもつ桓武天皇

桓武天皇の母、高野新笠は、渡来系氏族の出身である。

よく知られているように、桓武朝では、多くの渡来系の人物が活躍した。最も有名なのは百済王氏で、白村江の戦いの後に日本に亡命した百済王の子孫で、その祖先は華麗なる王陵で著名な武寧王である。たとえば奈良朝で活躍した百済王敬福の娘、百済王明信は、桓武後宮に尚侍として仕え、彼女は桓武の妻の一人であったらしい。

百済王氏の本拠地は、難波百済郡と河内交野郡で、交野の地の北にひろがる乙訓郡長岡京への遷都は、この桓武の出自と無関係ではない。

◆都の造営に力のあった秦氏

一方、当時の「山背国」（京都府中部・南部）を拠点に活躍したのが新羅系の秦氏である。5世紀以降、日本に渡来。鋳工や木工などの技術者を擁して各種技術部門の主導権を握る一方、鉱山の開発や灌漑・土木などに力を発揮した。なかでも記念すべき業績は、葛野川（桂川）に大きなダムをつくり、流域を灌漑して水田農業を可能にしたことである。

莫大な資金と高度な土木技術を必要とする平安京造営は、この秦氏の力にあずかるところが大きかった。右京区にある太秦の地名はそのなごり。太秦にある広隆寺には秦氏の族長秦河勝が聖徳太子から譲り受けたという「弥勒菩薩半跏思惟像」が残る。

怨霊うごめく 王城を守る神社仏閣

最大の「鬼門」封じ
延暦寺
天台宗の総本山。
→P22

「鬼門」封じのひとつ
赤山禅院
延暦寺の別院。赤山大明神、陰陽道でいう「泰山府君」をまつる。
→P20

北の守護神をまつる
鞍馬寺
毘沙門天で名高い。
→P58

岡崎神社
「東天王」と称された岡崎神社
桓武天皇が東の守りとして建立。清和天皇后の高子（→P53）の御願寺東光寺の鎮守社となり、その後は安産の神として信仰される。

東の岩倉
観勝寺
現存しない。

東の大将軍社
大将軍神社

南の岩倉
明王院不動寺

南の大将軍社
藤森神社

平安京が、その名のとおり無事であるためには、今日でいう都市整備とは異なる仕掛けが必要とされた。それが、王城鎮護の寺社の創設である。天変地異は怨霊の仕業とされた時代だったのである。

鞍馬寺
山住神社
宝が池
延暦寺
赤山禅院
岡崎神社
大将軍神社
明王院不動寺
観勝寺
山科駅
東海道新幹線
名神高速道路
藤森神社
高野川
鴨川
宇治川

岩倉と大将軍

古代では山や巨石など自然の威容そのものが神とされた。「岩倉」はその名残である。また『記紀』にも伝えられた神々の中で、素戔嗚尊はその荒々しさが畏敬され、「大将軍」としてまつられた。桓武天皇はこうした神々を四方に配し、王城鎮護の礎としたのである。

北の岩倉　山住神社

北の大将軍　大将軍神社

今宮神社
やすらい祭で知られる
疫病退散で信仰が篤い古社。
→P21

西の大将軍　大将軍八神社

西の岩倉　金蔵寺

東寺
都城の最南端を守った
空海ゆかりの古刹。
→P26

城南宮
「方除け」の大社
都城のほぼ真南、鴨川に臨む要衝の地にあるため、古来方位除けの信仰が厚い。

東寺

王城を守る神社仏閣

古来、原因不明の災厄は怨霊のたたりによるとされたが、それを鎮めるために様々な策が講じられた。なかでも、大規模な手段が遷都である。平安京もまた、怨霊から逃れるための新都として四神相応の地に建てられ、多くの神社仏閣が、怨霊や疫神から都を守るために配されたのだった。

平安京守護のため、北東に連なった「鬼門」封じの社寺

桓武天皇は、平安京造営にあたって都城の整備を進めるとともに、まず「鬼門封じ」を行なったという。

鬼門というのは、北東を指す。古来中国では、北東を陰陽が転化する方角と考え、鬼が出入りする「鬼門」とよんで恐れたのである。天皇が住まう内裏から見て、はるか北東には比叡山がそびえている。最澄が、のちに延暦寺を築くのは偶然ではなく、当時の人々は、比叡山そのものを鬼門封じの要とし、災いが生じると、ここで加持祈祷がなされた。

都には様々な鬼門封じが仕掛けられている。その一例が「猿」。そもそも比叡山の鎮守社、日吉大社の神獣であるが、内裏の鬼門にあたる塀が「猿が辻」とされ、その外側に建つ幸神社、そして延暦寺別院である赤山禅院にも猿の彫刻が置かれて、都をより強固に守ったのである。

悪鬼退散を祈願し、4つずつ設置された岩倉と大将軍社

都を悪鬼や怨霊から守る手だてのひとつに岩倉と大将軍社があった。

岩倉とは「磐座」であり、古代人の巨石信仰に由来している。桓武天皇は平安遷都以前から伝わる東西南北の岩倉の下に「一切経」を埋めさせたと伝えられる。現在、北岩倉には巨石群が往時の雰囲気を伝える山住神社が建つ。南岩倉は、明王院不動寺となり、西岩倉は金蔵寺と東岩倉とされた観勝寺は早くに廃寺となったが、東山の大日山が東岩倉に擬せられている。

また大将軍とは、古代神話の荒ぶる神、素戔嗚尊を意味する。岩倉と同様に都の四方を守護するため、東西南北にこの荒々しい神を配置したのだといわれている。

仏教の守護神も登場！毘沙門天も都を守護

鬼門封じの仕掛け、岩倉と大将軍社のみならず、桓武天皇は都の守護に、仏教の力もたのんだ。

たとえば、洛北に位置する鞍馬寺は魑魅魍魎の目撃談が多い魔界であった。この魔界を封じるために建立されたのが鞍馬寺である。都への侵入をはかる悪鬼を見張るように、毘沙門天が安置された。

そして平安京の南の入口、羅城門の楼上にも毘沙門天が置かれ、南の守りとした。羅城門の両側は東寺（教王護国寺）と西寺で固めたが、現在、西寺と羅城門は失われて石碑のみが残っている。なお現在、羅城門にあった毘沙門天は、東寺に安置されている。

手をかざす姿が都を見守る守護神にふさわしい毘沙門天（多聞天ともいう）。

怨んで死んだ人々が「御霊」の起源

早良親王だけではない十柱の怨霊

地下鉄鞍馬口近くの住宅街に建つ上御霊神社。賀茂川を挟んで、「葵祭」で有名な下鴨神社（→P42）も程近くに鎮座する。

平安時代、天変地異の多くは、熾烈な権力闘争のなかで、謀反や、天皇呪詛の罪に問われた者の怨みと考えられていた。こうした人の霊は「御霊」とよばれた。御霊から都を守護するため、そもそも内裏の鬼門にあたる方角に勧請したのが、上御霊神社だった。

まずまつられたのは、早良親王（→P16）、井上内親王、他戸親王、藤原吉子、伊予親王ら天皇家に関係する五柱。その後祭神は増え、藤原広嗣、吉備真備、橘逸勢、文室宮田麿、菅原道真（→P38）ら、政争に敗れ、怨みを抱いて亡くなった臣下の霊五柱も加えられた。のちに下御霊神社も建てられた（合祀された祭神の一部は上御霊神社と重複する）。当初は上御霊神社の南にあったというが、豊臣秀吉の命で、現在の京都御所の南の地に移動している。

志を遂げずに亡くなった「御霊」をまつったのは平安時代だけではない。上御霊神社にほど近い白峯神宮。ここは保元の乱（1156年）に敗れ、讃岐国に流されて同地で崩じた崇徳上皇をまつる。建立を命じたのは明治天皇で、幕末まで王城の地だった京都には、怨霊を恐れる都びとの伝統が長く続いていたのである。都びとは権力を強く願ういっぽうで、それが達せられなかった人々の怨みの激しさも、今日では想像できないほど強く抱いていた。

奇祭の起源は疫病除け 今宮神社

「やすらい祭」は毎年4月第2日曜に行なわれる。

かつて、「祭」は、怨霊封じの重要な手段のひとつであった。

死者は河原に放置され、糞尿は街なかの辻に捨てられていた時代である。しばしば疫病が大流行したが、原因がよくわからないまま、台風や地震などと同様、都に災いをなす怨霊の仕業とされていたのである。

そうした疫病を鎮めるため、都の北、紫野の地に建てられたのが今宮神社である。赤毛や黒毛の鬼を従えた行列が鉦や太鼓を打ち鳴らす「やすらい祭」は、春、花が盛んに飛散する時期に、疫病も流行するので、風神を鎮めようとする祭だといわれる。鞍馬寺の火祭、広隆寺の牛祭と並び、京都三大奇祭の1つに数えられる。

10世紀、疫病をもたらす早良親王の怨霊を鎮めるため行なわれた御霊会が前身ともいわれている。

古寺を訪ねる

京の鬼門を守り、多くの名僧を送り出した

延暦寺（えんりゃくじ）

木々に囲まれた山中に建つ根本中堂。

比叡山上に広がる多くの堂塔群

「南都」と称された奈良興福寺に対して、「北嶺」と畏敬された延暦寺。その名のとおり、京都市中の北、滋賀との県境にまたがる比叡山中にある。西から西塔、東塔、やや離れて横川とよばれ、それぞれ独立した堂塔群が建ち、「3塔16谷」と総称される。比叡山一帯が延暦寺の境内といえる。

総本堂は東塔の根本中堂である。東塔には、大講堂や戒壇院、文殊楼など、延暦寺を代表する建築物が集まっている。

西塔には、延暦寺に現存する最古の堂宇釈迦堂（転法輪堂）を中心に、法華堂、常行堂、浄土院などの伽藍が建ち並ぶ。

起源は最澄（伝教大師）が788年（延暦7）に開いた一乗止観院（比叡山寺）で、最澄入寂（822）の翌年、嵯峨天皇より寺号を賜り、年号が寺号とされた最初の寺院となった。

織田信長の焼き討ちからの復興

延暦寺のある都の東北部は、陰陽道でいう「鬼門」。このため、京都の諸所に城鎮護の寺院中、別格の重みをもち、朝廷や権力者との関係が深く、全山の頂点に立つ「座主」は皇族もしくは摂関家から選ばれていた。一方、最澄以後、円仁や良源など、天台宗総本山を代表する高僧を輩出するとともに、総合教育機関としての役割も担った。法然、親鸞、栄西、道元、日蓮ら新たな日本仏教を切り開いた名僧たちは、いずれも延暦寺に学んでいる。

延暦寺のこうした特殊な地位は、膨大な荘園の寄進を受けることにつながり、権益を確保するための「僧兵」を生み出した。その力は、白河法皇をして、思い通りにならないのは「鴨川の水、双六の賽、山法師」と嘆かしめたという。その力を拒み、焼き討ちを命じたのが、戦国時代の織田信長だ。現在の伽藍群は、豊臣家、徳川家の庇護により再建されたものがほとんどである。

22

歴史探訪ガイド

延暦寺と里坊周辺

名僧を輩出した聖山と坂本の社寺をめぐる

歴史に名を残した数多くの名僧や高僧が修行した日本有数の名刹、比叡山延暦寺。広大な山内にはいくつもの堂宇が建ち、開山から1200年を経た現在も、荘厳な雰囲気が保たれている。また、比叡山の東山麓、大津市坂本には、滋賀院など延暦寺ゆかりの社寺が点在している。

東塔の中心、根本中堂は全山の総本堂でもある。

堂宇は深い樹林の中に

延暦寺の伽藍は東塔、西塔、横川に大別され、その間を比叡山内シャトルバスが結んでいる。このルートは最奥にある横川までバスを利用し、復路を歩くという行程。

横川は奥比叡の山中にあり、本尊聖観音、毘沙門天、不動明王像をまつる**横川中堂**を中心とする。また堂の北東に建つ元**三大師堂**や寺宝を収蔵する秘宝館も見ておきたい。

老杉に覆われた**西塔**には阿弥陀如来を本尊とする**常行堂**と普賢菩薩をまつる**法華堂**が建つ。渡り廊下で結ばれたこの2つの堂は、**にない堂**ともよばれる。周囲には聖徳太子ゆかりの伝説をもつ椿堂、釈迦如来立像を本尊とする釈迦堂（転法輪堂）などが並ぶ。

東塔の中心、**根本中堂**へは文殊楼から入る。威容を具え堂々たる現在の建物の内部では、創建以来、「不滅の法燈」が燃え続けているという。ここから東塔バス停は近い。

里坊が点在する坂本へ

比叡山東麓の坂本は、古くから延暦寺の門前町として栄え、多くの里坊を擁する。ケーブルカーで比叡山から下り、ケーブル坂本駅を起点とするルートでめぐる。駅から道を南に取ると絢爛豪華な**日吉東照宮**が現れる。歩を東へ進め、権現馬場を過ぎたところを左折すると**滋賀院門跡**がある。落ち着いた趣の仏殿や書院が建ち並び、宸殿西の庭園は小堀遠州による作庭と伝えられている。

馬場の西詰めまで引き返した少し先には、**旧白毫院**がある。北には**日吉大社**の樹木が繁り、大宮川の渓流が流れる。全国山王神社の総本山で、国宝の東西両本殿をはじめ、見所の多い社として知られる。

聖徳太子創建という**西教寺**へは、ケーブル坂本駅から北へ約25分。伏見城から移築したという客殿は、狩野派が描いた極彩色の花鳥襖絵が美しい。また、趣が異なる四つの庭園や明智一族の墓などもある。ここから旧白毫院まで引き返し、京阪坂本駅がゴールである。

おすすめ探訪コース

所要時間 約4時間

横川バス停
↓ 徒歩5分
横川中堂
↓ 徒歩3分
元三大師堂
↓ 徒歩60分
釈迦堂
↓ 徒歩3分
常行堂・法華堂
↓ 徒歩3分
椿堂
↓ 徒歩25分
文殊楼
↓ 徒歩すぐ
根本中堂
↓ 徒歩3分
東塔バス停

【アクセス】 京都駅から京都バスで65分、延暦寺バスセンターバス停下車、シャトルバスに乗り換え15分、**東塔バス停**下車。**横川バス停**から京都バスで66分、京都駅下車。

おすすめ探訪コース

所要時間 約3時間

東塔バス停 → 徒歩10分 → ケーブル延暦寺駅 → ケーブル11分 → ケーブル坂本駅 → 徒歩5分 → 日吉東照宮 → 徒歩10分 → 滋賀院門跡 → 徒歩15分 → 旧白毫院 → 徒歩5分 → 日吉大社 → 徒歩20分 → 西教寺 → 徒歩30分 → 坂本駅（京阪石山坂本線）

【アクセス】京都駅から京都バスで66分、東塔バス停下車。坂本駅から京阪石山坂本線で20分、京阪膳所駅下車、徒歩すぐの膳所駅からJR東海道・山陽本線快速に乗り換え11分、京都駅下車。

昔も今も、京都の玄関口を守り続ける 東寺(とうじ)

高さ約55mの五重塔。現存する木造の塔では最も高い。

始まりは王城鎮護を目的とする官設寺院

新幹線が京都に近づくと、駅の近くに五重塔が見えてくる。他府県から訪れる人が、まず初めに「古都京都」を感じる瞬間だ。

おそらく平安の昔から、東寺の五重塔は、都を守るシンボルだったに違いないと、1200年余の昔に思いを馳せる人も多いだろう。

大内裏(だいだいり)すぐのびた朱雀大路(すざくおおじ)の南端で、羅城門(らじょうもん)の東の地に建立されたことでもわかるように、東寺はもともと、平安京建都とともに造営された王城鎮護の官寺なのである。

真言密教の根本道場「教王護国寺」として

平安京を築いた桓武(かんむ)天皇の第2皇子だった嵯峨(さが)天皇は、創建間もない新都に安定期をもたらした帝として知られている。この嵯峨天皇により、天皇とともに能筆家であった空海に、東寺は下賜された。遷都から30年、823年(弘仁(こうにん)14)のことである。

「教王護国寺(きょうおうごこくじ)」という正式名称を名乗るのは、空海が825年(天長(てんちょう)2)に修行の中心地となる講堂を建造した以後のことといえよう。翌年に五重塔が建立され、828年には日本初の本格的宗教専門学校というべき綜芸種智院(しゅげいしゅちいん)も創建された。

空海は、先進の文明を誇る唐から帰国した当時最高の知識人であり、嵯峨天皇の信任も厚かった。かくして東寺は、嵯峨天皇にまつわる一官設寺院から、空海が唐から持ち帰った「真言密教(しんごんみっきょう)」に基づく鎮護国家のための根本道場へと発展を遂げていった。

観智院客殿　国宝

東寺の塔頭のひとつ。1359年の創建。住職の住居として使われた客殿は1605年の再建。5室あるうち1室には、ここで3年間暮らしていた宮本武蔵が描いた「鷲図」が残されている。

御影堂　国宝

もとは空海の住居跡。13世紀制作の弘法大師坐像（国宝）の安置後、御影堂（大師堂）となった。1380年の再建。空海命日の4月21日には正御影供の法会が行なわれる。

蓮花門　国宝

東寺最古の門。ただし創建当初のものは失われ、1191年、文覚による再建。空海が、東寺を去って高野山に向かうとき、その足跡に蓮の花が咲いていたという伝説にちなむ命名。

宝蔵　重文

平安時代後期に建てられた東寺最古の建築物。空海が唐から持ち帰った経文や曼荼羅、法具などをここに納めたという。年2回、春と秋に宝物館で公開。

講堂　重文

空海自ら造営にあたったという創建時の建物は焼失し、1603年の再建で復興。五智如来像（重文）、五菩薩像（国宝・重文）、五大明王像（国宝）、密教彫刻の傑作群に圧倒される。

灌頂院　重文

1634年に再建された寄棟造り本瓦葺きの建物。真言密教における秘儀を行なう重要な場所であり、築地塀に囲まれて原則として拝観は不可。

金堂　国宝

1486年の土一揆で焼失、1603年に豊臣秀頼の力で再建された。堂内には像高3m近くの薬師三尊像（重文）が安置。

五重塔　国宝

落雷や火災などで幾度も焼失し、現在の塔は1644年、徳川家光によって再建されたもの。内部に安置された如来と菩薩は、1月1〜4日に拝観できる。

八幡山金光明四天王教王護国寺秘密伝法院（東寺）

【宗派】東寺真言宗総本山
【創建】796年（延暦15）

◆アクセス
京都府京都市南区九条町1
電話：075-691-3325
交通：JR京都駅より徒歩17分、または近鉄東寺駅より徒歩5分、または市バス東寺南門前、東寺東門前、九条大宮下車すぐ。

0　　100m

赤字　国宝指定建造物
青字　重要文化財建造物

「弘法さん」の名で親しまれる東寺の縁日、弘法市。弘法大師空海の命日にちなみ、毎月21日、東寺境内で開かれる。1月21日を「初弘法」、12月21日を「終い弘法」とよび、特ににぎわう。

圧倒される密教美術の豊かさ、名品の数々

都を襲ったたびたびの戦火で、創建時の建物は残念ながら存在しない。しかし、奈良時代の建築様式を踏襲した伽藍配置や規模は空海の在世当時と同じとされ、平安京の面影を色濃く残す寺院である。

また、東寺が密教関係の宝庫とよばれるのは、空海が唐から持ち帰った経典・仏具類のほか、国宝・重文指定の仏像など、多数の名品がここに所蔵されているからだ。

寺の中核ともいうべき講堂に一歩足を踏み入れると、そこは美術・工芸の宝庫。堂内に配された諸仏が居並ぶ姿は壮観で、息をのむほどである。

全体の構成は、大日如来を中心に「五智如来」、金剛波羅蜜多菩薩を中心に「五大菩薩」、不動明王を中心に「五大明王」の3壇と、広目天などの「天部」からなり、宇宙と一体の究極の仏である大日如来を中心に五智如来、五菩薩、五明王の15の仏がすべて有機的な関係にあることを示しているという。まさに空海自らが体感した宇宙そのものをあらわす空間であり、その配置自体が曼荼羅をあらわしていることから「立体曼荼羅」とよばれている。

空海の命日にちなむ「弘法市」

深い洞察と、叡智に満ちた空海の教えが、一方で、超能力を思わせる霊験譚や伝説も数多く残されている。

東寺が、皇族や貴族らの寄進だけではなく、庶民の厚い信仰を集めるようになったのは、こうした「大師信仰」が広まった平安時代末期から鎌倉時代にかけてのようだ。ちなみに、「弘法大師」のおくり名は、寂滅した835年(承和2)3月21日から86年後のことである。

現在も、空海の命日にちなむ毎月21日には、京の人々が親しみを込めて「弘法さん」とよぶ弘法市が開かれる。骨董、雑貨、古着などを扱う1000店を超える露天がにぎやかに軒を連ね、京都市内外から多くの人々が集う。こうした庶民性と、境内奥深くに今も伝わる真言密教の神秘的な教えとの共存が、東寺の魅力であろう。

【平安仏教の二大巨星】
理想に燃える求道者最澄と空前絶後の大天才空海

対照的な最澄と空海

天台宗の開祖最澄と真言宗の開祖空海。同時に唐に渡り、当時の最新の仏教思想を日本にもたらした平安仏教の大指導者である。

しかしこの2人、生い立ちや活動はことごとく対照的であった。

まず、最澄が平安京に隣接する近江国滋賀郡の出身であるのに対し、空海は都から遠く離れた讃岐国多度郡の生まれである。

最澄は12歳のとき近江の国分寺に入り、19歳のとき東大寺で受戒して正式の僧となった。一方、空海は、儒学を学び、のちに大学を離れ、土佐の室戸岬、吉野の金峰山などで修行。31歳で出家得度している。

このように、最初から僧侶の道を選び、世の中の矛盾や汚いところをあまり知らずに仏教界に入った最澄に対し、空海は、一度は官僚の道を志していることから、とさに相手に上手に合わせながら自分の道を貫くという世間知と柔軟さを身につけていたようである。

弟子をめぐって離反する

この2人が804年（延暦23）、藤原葛野麻呂を大使とする遣唐使の「4つの船」に乗った。唐に着くや最澄は、天台山国清寺に向かい、ここで天台の付法と大乗戒を受け、密教を学ぶなど、さまざまな法門を伝授されて帰国した。

一方、長期留学生である空海は、最澄らが帰ったあとも唐に残り、長安の青竜寺に恵果を訪ねる。この恵果こそ、「大日経」系の密教と「金剛頂経」系の密教を一元化し、真言密教の基礎を築いた高僧であった。空海は恵果から密教の大法をことごとく授かり、恵果入滅後、20年の留学計画を2年で切り上げ多くの仏典と法具を携えて日本に帰ってきた。

ともに唐で学んだ2人は、帰国後も親しく往来する。しかし、最澄の弟子泰範が、空海から密教を学んだのち、空海のもとに帰らなかったことが原因で、両者は離反してしまう。

借り物でない日本の仏教誕生

大乗仏教を日本に根づかせたことである。大乗とは自分が悟るだけでなく、他人をも救う思想をいう。この思想は比叡山の伝統となり、その後、法然・親鸞・道元・日蓮らが鎌倉仏教を生み出す源泉となった。彼らは民衆に向けて布教し、まさに最澄が説いた大乗の教えを受け継いだのである。

一方、空海は、旧勢力南都仏教と協調的姿勢をとりつつ、真言密教を体系化する。とりわけ秘密の言葉（真言）を重視する難解で深遠なその思想は、都の皇族・貴族の心をとらえ、現世利益と即身成仏を説いたことと相まって、爆発的な流行をみた。空海の人柄も魅力的だったらしく、1000年を超えた今日も、各地に空海（弘法大師）にまつわる伝承が数多く残るのはそのゆえだろう。

1人ですべてを成し遂げた大天才空海と、多くの後進を生み出した指導者最澄。今日の日本の仏教の原点は、まさにこの2人にあるといって過言でない。

（上）真言宗の開祖**空海**（774～835）（左）天台宗の開祖**最澄**（767～822）

に対し、最澄の晩年はあまり恵まれていない。しかし最澄の最大の功績は、密教を広めて時流にのった空海

古寺を訪ねる

都の守り神、坂上田村麻呂が建立した
清水寺（きよみずでら）

紅葉に覆い尽くされた「清水の舞台」。

音羽（おとわ）の名水に由来する寺号

東山三十六峰とよばれる峰々のひとつ、音羽山。その山腹に、およそ30の堂塔伽藍（どうとうがらん）が甍を連ね、そのうち国宝、重要文化財に指定された建造物は15棟を数える。京都でも屈指の名刹（めいさつ）である清水寺は、実は、蝦夷（えぞ）出征で名高い坂上田村麻呂（さかのうえのたむらまろ）と、ゆかりが深い。

起源は、8世紀にさかのぼる。夢のお告げを受けた奈良の僧延鎮（えんちん）が、音羽山麓（さんろく）に名水の源を見出し、観音菩薩（かんのんぼさつ）の霊力を授けてこの地に庵を結んだ。

数年後、鹿狩りで近くを訪れ延鎮と出会った田村麻呂は、名水の霊力を知り観音菩薩に深く帰依することになった。そこで、協力して仏堂を建立、観音像を安置したと伝えられる。名水にちなんで堂は清水寺と号し、平安遷都から10年後には、桓武（かんむ）天皇の御願寺とされた。

観音菩薩の加護によって軍功をあげた田村麻呂は都に凱旋（がいせん）し、天皇の信任を得て正三位大納言（さんみだいなごん）にまで出世した。平安王朝草創期の名臣の武勇譚（たん）と観音の霊験（れいげん）は広く喧伝（けんでん）され、清水は都を護（まも）る霊験あらたかな寺として大いに信仰を集めたのである。

都の四季を見渡す「舞台」の素晴らしさ

伽藍は幾度となく焼失を繰り返している。「清水の舞台」で知られる本堂（国宝）もふくめ、現在の建物の多くは徳川家光による再建である。舞台は、釘を1本も使っておらず、束柱（つかばしら）に貫（ぬき）を組んだ構造は見事だ。

舞台からは、四季折々の京都市内を一望できる。南の谷あいから「舞台」自身がソメイヨシノの花の海に浮かぶ春、錦繍（きんしゅう）の衣をまとう秋も絶景。ライトアップされた夜の舞台も、一度は見ておきたい。

本堂の東側、85段の石段を下ると、寺号の由来ともなった音羽の滝が流れている。柄杓（ひしゃく）に汲んで、六根清浄（ろっこんしょうじょう）、諸願成就（しょがんじょうじゅ）を祈る参詣客が、今もとぎれることはない。

仁王門　重文

鎌倉様式の仁王像が安置されている寺の正門。正面に掛けられた扁額「清水寺」は平安中期の名筆家・藤原行成の手になると伝えられている。

北総門　重文

清水寺の塔頭、成就院の正門として建立。現在のものは1631〜39年の再建。この門の向こうに、成就院住職を務めた幕末の勤皇僧・月照の歌碑と、志をともにした西郷隆盛の詩碑が建つ。

本堂　国宝

いわゆる「清水の舞台」。檜皮葺き寄棟造りの現在の建物は1633年の再建。本尊は十一面千手観音で、33年に一度だけ開扉される秘仏。本堂内々陣の厨子（国宝）に安置されている。

奥の院　重文

清水寺開創に関わる延鎮上人らの旧草庵跡と伝えられる場所に建つ。1633年の再建で、檜皮葺き寄棟造り。本堂を縮小したような懸造り。

三重塔　重文

創建は9世紀だが、現在のものは1632年の再建。高さ約30m。1987年の解体修理の折に、丹塗り極彩色に復元された。初層内部には大日如来像がまつられている。

赤字　国宝指定建造物
青字　重要文化財建造物

開山堂　重文

田村堂ともよばれ、清水寺の創建に関わる坂上田村麻呂、開山の延鎮上人、さらに延鎮に清水寺の開創を命じたという行叡居士らの像を納め、まつっている。原則的に拝観はできない。

音羽山清水寺

【宗派】北法相宗総本山
【創建】778年（宝亀9）

◆アクセス
京都府京都市東山区清水1-294
電話：075-551-1234
交通：JR京都駅から市バスで約20分、五条坂か清水道下車、徒歩約10分。

歴史探訪ガイド

清水寺周辺

平家ゆかりの古寺と観音信仰の霊場をめぐる

清水寺周辺は八坂神社や三十三間堂など平安時代からの古社寺も残り、それらを結ぶ道沿いには石畳の道もあって京情緒を満喫できる。

観光客でにぎわう伝建地区へ

京阪本線五条駅を東へ向かい、五条坂を上る。清水坂と合流した所で右折すると正面に**清水寺**の仁王門。寺を参拝して引き返し、七味唐辛子の老舗・七味家手前の石段を下り、三年坂（産寧坂）とよばれる場所で、一帯はにぎやかなななかにもしっとりと落ち着いた風情が漂う。

石段下をさらに直進すると二年坂に至るが、その手前で左折すれば**八坂塔**（法観寺）。2層まで登れば、東山一帯を眺望できる。八坂庚申堂前を北へ向かい、石塀小路を抜ければ、北政所が秀吉の菩提を弔った**高台寺**が建つ。伏見城から移築した茶室や霊屋の漆蒔絵などで名高い。

突きあたりを左折し、すぐ右に折れると正面に**八坂神社**の南楼門があある。くぐると正面に舞殿、その背後に本殿が建つ。京都の夏を代表する祇園祭はこの社の祭事。本殿周囲には摂社・末社がずらりと並ぶ。西楼門から西へのびるのが四条通で、直進すれば京阪本線四条駅。途中左折して花見小路を進むと、俵屋宗達作の「風神雷神図」で知られる**建仁寺**があるので、こちらにも足をのばしたい。

後白河法皇と平家の遺構を歩く

京阪本線七条駅から東に向かうと、右手に見えてくるのが、後白河法皇が平清盛に命じて建立させた**三十三間堂**。1001体の千手観音像で知られる。本堂は鎌倉中期の再建だが、安置された千手観音のうち124体が創建当初のもの。東には豊臣秀吉の側室淀君が建立した**養源院**、その南隣に後白河天皇陵が残る。

さらに北へ行き、交差した広い道が五条通。平氏の六波羅邸はこの周辺にあったとされ、近くの洛東中学校には小さな碑が立つ。すぐ先の**六波羅蜜寺**は、口から阿弥陀仏を出す空也上人像と、僧形の伝平清盛坐像が名高い。五条通に戻って西へ向かえば京阪五条駅に到着する。

北へ向かうと**豊国神社**と**方広寺**。どちらも豊臣秀吉とゆかりが深く、特に方広寺には豊家滅亡の端緒となった「国家安康」の鐘が残る。

東大路通に出ると、すぐ向かいにはすぐれた障壁画を所蔵する**智積院**、その先の交差点北西には**京都国立博物館**が建つ。七条通を西に戻り、大和大路通を

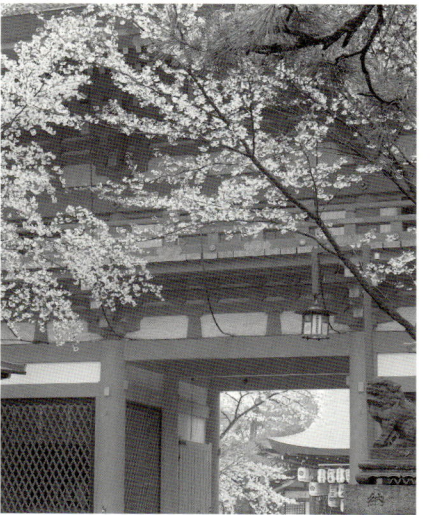
桜のころは特に美しい八坂神社。

おすすめ探訪コース

所要時間 **約4時間**

七条駅（京阪本線）
↓ 徒歩8分
三十三間堂
↓ 徒歩すぐ
養源院
↓ 徒歩5分
智積院
↓ 徒歩3分
京都国立博物館
↓ 徒歩5分
豊国神社
↓ 徒歩すぐ
方広寺
↓ 徒歩10分
六波羅蜜寺
↓ 徒歩10分
五条駅 京阪本線

【アクセス】京都駅から徒歩10分で京阪本線七条駅。**五条駅**から京阪本線準急で3分、東福寺駅下車、JR奈良線に乗り換え3分、京都駅下車。

おすすめ探訪コース

所要時間 約4.5時間

五条駅（京阪本線） → 徒歩20分 → 清水寺 → 徒歩3分 → 三年坂 → 徒歩5分 → 八坂塔（法観寺） → 徒歩10分 → 高台寺 → 徒歩5分 → 八坂神社 → 徒歩10分 → 建仁寺 → 徒歩10分 → 四条駅（京阪本線）

【アクセス】京都駅からJR奈良線で3分、東福寺駅下車、京阪本線準急に乗り換え3分、五条駅下車。四条駅から京阪本線準急で5分、東福寺駅下車、JR奈良線に乗り換え3分、京都駅下車。

都の闇を照らし出す陰陽師

権力者、道長の邸
土御門殿(つちみかどどの)
安倍晴明の活躍は藤原道長の全盛期と重なっており、道長に関する逸話も多い。→P65

晴明伝説に関わる
鉄輪の井戸(かなわのいど)
ある妻が貴船神社(→P50)に詣で夫を奪った女を呪詛しようとしたが果たせず、身投げした井戸という。呪詛を看破し、夫を救ったのが安倍晴明とされる。

元は源融の豪邸
河原院(かわらのいん)
嵯峨天皇の皇子だった源融(895年没)の邸宅。死後は荒れ果て、融の霊が現れて数々の災いをなしたという。→P52

小野篁ゆかりの
六道珍皇寺(ろくどうちんのうじ)
小野篁(852年没)は、詩歌に秀でた文化人だったが、冥界と現世を往来した伝説が残る。境内の井戸が冥界の入り口とされている。

六道珍皇寺

陰陽師とは、朝廷に仕えた天文・暦学の専門家。藤原道長と同時代に実在した安倍晴明が有名だ。現実世界の常識を超えた伝説の背景には、都びとが恐れた怨霊の存在がある。華やかな王朝社会の裏には怨念が渦巻いており、それを鎮める役割を陰陽師が担っていた。

鬼女伝説で有名な
一条戻り橋
酒呑童子退治で有名な源頼光の郎党・渡辺綱（1025年没）が、美女に化けた鬼と出会う逸話で知られる。橋の下には、晴明が自分の意のままになる式神を住まわせていたという。

安倍晴明が祭神
晴明神社
一条天皇の命で、没後2年目に安倍晴明をまつるために創建されたという。晴明邸跡ともいわれる。

晴明神社

晴明の勤務先
陰陽寮
中務省に属する役所。
→P62

平安京造営にさかのぼる
神泉苑（しんせんえん）
桓武天皇以来、歴代の天皇が行幸した大庭園。空海が雨乞いの修法をし、その後疫病封じの御霊会も行なわれた。

神泉苑

［左京と右京］

10世紀には廃れた右京
安倍晴明の同時代人だった慶滋保胤（1002年没）は、著書『池亭記』で、右京の過疎化と左京の過密化を記している。右京はもともと湿地で住みづらかったともいう。

平安中期の人口集中地区
『池亭記』によれば、貴族の家も庶民の家も、左京の四条以北に集中していた。その後、鴨川以東に皇族や貴族の邸宅が広がっていった。

35

安倍晴明

森羅万象を読み解き、都を呪いから守った陰陽師

厄鬼をはらう追儺など、都を守るさまざまな儀式が行なわれた晴明の邸宅跡に建つ晴明神社（堀川通一条上ル清明町）。なお、近年は、土御門大路に面した一角、上長者町通西洞院東入ル土御門町付近を邸宅跡とする説も出ている。いずれも鬼出現で有名な場所である。

実在した陰陽師・安倍晴明

妖狐「葛の葉」の子としての出生。幼いころから鬼を見ることができ、長じては式神を自在に使い、草の葉1枚で蛙をつぶし、呪詛の犯人をつきとめて呪いをはね返す……。陰陽師・安倍晴明は多くの伝説に彩られている。

だが、晴明はけっして架空の存在ではない。平安中期に実在した陰陽師である。

ただし、コミックの登場人物のような色白の美青年ではなく、陰陽寮の役人として地味な職務を果たす、老年の「一国家公務員」であった。そしてその住まいは、伝説の多い一条戻り橋の近く。近年の晴明ブームで参拝客の耐えない晴明神社のあたりにあった。

都の鬼門にあたる丑寅（北東）の方角を防衛するために、比叡山には延暦寺が築かれ、その麓には陰陽道の神をまつる赤山禅院がある。晴明の邸はこれらの壁を突破した「鬼」から大内裏を守る最後の防衛線であった。晴明の属する役所・陰陽寮は、内裏のすぐ南にあり、天皇に直結する中務省に設置されていた。吉凶を占い、邪を祓う陰陽師が、朝廷からいかに重要視されていたかわかる。

天皇・藤原氏に重用された理由

では、なぜ陰陽師がこれほど重用されたのだろうか？ それは、貴族たちが常に怨霊におびやかされる存在だったからだ。栄華をきわめる者の陰には、不遇をかこつ者がいる。うらみのうちに世を去った者が怨霊と化すのは、この時代では当たり前の出来事だった。

だからこそ貴族たちは、自らの安泰と延命を願って占いによる吉凶を求め、儀式を行なわせた。かくして陰陽道はますます隆盛をきわめるようになっていったのである。

歴史に安倍晴明の名が登場するのは、40歳を過ぎてから。天文得業生つまり陰陽師の見習いとしてである。その後47歳で陰陽師、52歳で天文博士、師の賀茂保憲が没した57歳で陰陽寮の第一人者となった。

そして、花山・一条と2代の天皇から厚い

陰陽道の護符である五芒星（ごぼうせい）。陰陽五行の循環（木・火・土・金・水）を象徴し、調和のとれた理想の状態をあらわしている。正式名称は晴明桔梗。この形は、西洋ではペンタグラムとよばれ、やはり呪術的な意味をもつ。

「不動利益縁起」（東京国立博物館蔵）の冒頭に登場し、泰山府君祭を行なう安倍晴明（右端の人物）。泰山府君祭とは、病気の快癒や長寿を祈る祭祀で、彼は死人を生き返らせることもできたという。祭壇をはさんで向かい側には疫病神が晴明と対峙し、晴明の後ろには式神がひかえている。

晴明は陰陽寮の役人だった

```
太政官 ─┬─ 中務省（天皇の側近事務）─┬─ 中宮職（皇后・皇太后・太皇太后の家政機関）
        │                              ├─ 大舎人寮（宮中に宿衛する大舎人を管轄）
        │                              ├─ 図書寮（宮中の図書の保管）
        │                              ├─ 内蔵寮（天皇の宝物や日用品の調達）
        │                              ├─ 縫殿寮（女王・命婦などの衣服の縫製）
        │                              └─ 陰陽寮（天文・暦・吉凶判断・時刻の管理）
        ├─ 式部省（文官の人事一般）
        ├─ 治部省（氏姓関係、仏事、外交）
        ├─ 民部省（戸籍・租税の管理）
        ├─ 兵部省（武官の人事、兵士・武器の管理）
        ├─ 刑部省（裁判の審理・処罰）
        ├─ 大蔵省（物品の保管・出納）
        └─ 宮内省（宮中の一般庶務）
```

陰陽寮が属する中務省は、天皇や宮中に関わりの深い業務を幅広く担当する省で、八省の筆頭。官位相当も他省より高かった。

信任を受け、一条天皇朝で実権を握った藤原道長にも重用されている。道長の後見を得た晩年が陰陽師・晴明の最盛期でもあった。1005年（寛弘2）、晴明は道長の娘彰子（一条天皇中宮）の健康と安泰のために「反閇」という呪術を行ない、その数か月後に亡くなった。85歳という当時としては十分な天寿を全うしたのである。

史上最強の怨霊と化した菅原道真と天神さま

群を抜く能力で出世した道真

京都を歩くと、菅原道真ゆかりの神社、いわゆる天満宮が特に多いことに気づかされる。本来は雷神＝天神としてまつられた道真公だが、現在は学問の神様として名高い。

さて道真は、曽祖父の古人、祖父の清公、父の是善の3代にわたって、いずれも学問の世界で名をなした学者一家であった。

845年（承和12）に生まれた道真も11歳で詩作をするなど早くから才能を示し、22歳で文章得業生となる。以後も順調に出世し、宇多天皇から醍醐天皇に御代が代わると、右大臣にまで昇進。道真のこの異常なまでの出世は、彼の能力の高さを示しているのだが、逆にこれが人の妬みをかった。

異例の昇進を妬む人々

899年（昌泰2）、左大臣となったのは、藤原一族の若きホープ、28歳の藤原時平である。権勢を誇る藤原氏の頂点に立つ者として、道真の出世は当然面白くない。そこで時平は、さまざまな策を弄して道真排斥をくわだてた。

901年（延喜元）、醍醐天皇と手を組んだ時平は、「道真は醍醐天皇をおろし、娘婿の斉世親王を天皇の座につけようと企んでいる」と讒言。九州の大宰府に左遷させることに成功する。大宰府へ下向する日、道真が邸の庭の梅をながめ、詠んだ歌が、有名な

こちふかば　匂ひおこせよ　梅の花
あるじなしとて　春をわするな

である。大宰府での生活は苦悩と病気の連続だった。2年後、道真は憤懣やるかたない思いをいだきながら、遠く都を望み、かの地で憤死する。こうして道真の無念は怨霊へと昇華し、都に天変地異を巻き起こすことになっていくのである。

怨霊と化した道真

道真の死後、都では奇妙な出来事が次々と起きた。908年、恩義があるにもかかわらず、道真左遷事件で暗躍した藤原菅根が突然死。さらに、翌年、怨敵の時平が39歳で不慮の死をとげる。時平の死後も毎年のように暴風雨、旱魃、飢饉、疫病などの天変地異が都をおそった。

さらに923年、醍醐天皇と皇后穏子（時平の妹）の間に生まれた保明親王が21歳でふいにみまかる。それでも怨霊はおさまらず、保明親王の子慶頼王までも疫病で死んでしまう。どこまでも祟り続ける道真の怨霊に、朝廷のみならず都びとも恐れおののいた。

菅原道真の怨霊を鎮めるために建てられた北野天満宮。祭神は道真、道真の長男の中将殿、道真夫人の吉祥女。創始は平安時代にさかのぼるが、現在の社殿は1607年（慶長12）、豊臣秀頼が再興したもの。

「北野天神縁起絵巻」(東京国立博物館蔵)には、菅原道真の生涯と、死後のさまざまな災いが道真の怨霊のしわざと信じられて天神信仰が生まれていく様子が描かれている。これは930年内裏清涼殿を直撃し、多くの死傷者を出した落雷の場面。

道真の怨霊 清涼殿を炎上させる

そして930年（延長8）平安京を揺るがす大災厄が起こった。天皇の住まいとなっている清涼殿を雷が直撃し、御所が炎上したのである。

その日の昼過ぎ、愛宕山の方角からにわかに黒雲が巻き起こり、御所を覆いつくした。とたんに激しく稲光が走り、雷鳴がとどろき、公卿たちは恐怖のあまりあわてふためき、ひれ伏したという。稲妻は清涼殿の上から突き刺さるように落ち、やがて勢いよく炎が上がった。

この雷で、大納言藤原清貫は胸を焼かれ、平希世は顔を焼かれてともに絶命。同じころ、紫宸殿にも落雷があり、美努忠包、紀蔭連、安曇宗仁らも焼け死んだという。ショックで醍醐天皇は病に倒れ、朱雀天皇に皇位を譲ると、一週間後に亡くなった。

全国に天満宮があるわけ

都の人々は震えあがった。そこで道真の怨霊を鎮めるために、朝廷は道真の罪を取り消し、大臣に復位させた。

さらに、道真の没後半世紀ほど経った94

7年（天暦元）、多治比文子という女性の前に道真の霊があらわれ、自分がかつて遊んだ思い出の地、右近馬場に祠を築くように告げたという。文子はとりあえず瑞垣をつくって道真の霊をなぐさめた。これが北野天満宮発祥につながったといわれる。そして993年（正暦4）、朝廷は道真に正一位・太政大臣という最高の官位を贈った。道真の没後90年目のことであった。

そして時代は下って室町時代。道真の学問に対する偉大な事績が浸透するにつれ、文学・詩歌・書道・芸能の神としてあがめられ、北野天満宮社前には文人墨客が集い、連歌の中心地となった。有名な秀吉の北野大茶湯もここで催されている。

江戸時代、全国に庶民の教育機関として寺子屋が設立されるようになると、学問の象徴として道真の神霊を分祀し、全国にまつった。これがのちには学問の神として、日本中の天満宮でまつられることの起源となってゆくのである。

「くわばら」の由来

道真が怨霊となって、京の都中に雷を落とした折、なぜか菅原家所領の地、桑原には一度も落ちなかったと伝えられる。落雷よけの呪文「くわばら、くわばら」は、この故事に由来している。

道真を祭神とする主な神社

- 飛騨天満宮（高山市）
- 北野天満宮（南砺市）
- 上野天満宮（名古屋市）
- 岡高神社（長浜市）
- 菅原神社（野洲市）
- 北野天満宮（京都市）
- 菅原院天満宮（京都市）
- 菅大臣神社（京都市）
- 防府天満宮（防府市）
- 大宰府天満宮（太宰府市）
- 水田天満宮（筑後市）
- 滝宮天満宮（綾川町）
- 潮江天満宮（高知市）
- 廣畑天満宮（姫路市）
- 恵美酒宮天満神社（姫路市）
- 天神社（明石市）
- 和歌浦天満宮（和歌山市）
- 矢不來天満宮（北斗市）
- 小白川天満神社（山形市）
- 菅原神社（東吾妻町）
- 梁川天神社（伊達市）
- 天満天神社（所沢市）
- 谷保天満宮（国立市）
- 湯島天満宮（文京区）
- 亀戸天神社（江東区）
- 平河天満宮（千代田区）
- 荏柄天神社（鎌倉市）
- 布多天神社（調布市）
- 岩津天満宮（岡崎市）
- 長岡天満宮（長岡京市）
- 大阪天満宮（大阪市）
- 福島天満宮（大阪市）
- 道明寺天満宮（藤井寺市）

歴史探訪ガイド

北野天満宮周辺をめぐる
あがめられる菅原道真と安倍晴明ゆかりの地

京都市内には、菅原道真を祭神とする神社が点在する。このコースでは北野天満宮を起点に南へ向かうが、西に向かえば等持院、龍安寺を経て宇多天皇ゆかりの仁和寺に至るので、こちらへも足をのばしたい。

天満宮から晴明神社へ

北野天満宮に出る。拝観したら境内を東に抜け、門前町、上七軒へ。通り沿いにはお茶屋が軒を連ねている。

交差点に出たら北へのびる細辻を進み、**大報恩寺**(千本釈迦堂)。境内のおかめ像に一礼、さらに北の上立売通を東へ。この先にある岩上神社は藤原時平の屋敷跡ともいわれ、天満宮参詣の折にはこの道を避けたという。今出川通に戻り、東の堀川を東に流れる紙屋川を渡って、**平野神社**。

衣笠校前バス停を北へ向かうと平野神社。東を流れる紙屋川を渡って、

道真ゆかりの小社をめぐる

通を右折すると晴明神社が建つ。

神社の南、**一条戻り橋**を渡って東へ歩を進めると、ほどなく京都御苑。手前を南に進むと道真生誕の地と伝わる**菅原院天満宮**が建つ。拝観後は烏丸通を南へ。四条通で右折し、その先の西洞院通を南に進むと、仏光寺通と交差する。この道を東に入ると、すぐ菅家邸址の碑が立ち、北側には**紅梅殿**(北菅大臣神社)、南には**菅大臣神社**がある。どちらも小さな社だが、道真が大宰府へ左遷されるまで暮らした場所だとされる。この東、地下鉄四条駅がゴールである。

おすすめ探訪コース

所要時間 約4時間

衣笠校前バス停
↓ 徒歩3分
平野神社
↓ 徒歩5分
北野天満宮
↓ 徒歩10分
大報恩寺
↓ 徒歩30分
晴明神社
↓ 徒歩3分
一条戻り橋
↓ 徒歩20分
菅原院天満宮
↓ 徒歩25分
紅梅殿・菅大臣神社
↓ 徒歩5分
四条駅 地下鉄烏丸線

【アクセス】京都駅から市バス50系統で35分、衣笠校前バス停下車。四条駅から地下鉄烏丸線で3分、京都駅下車。

都の大路小路をめぐる
魂鎮めの祭

かつて都を悩ませた怨霊たちは、神としてあがめ奉ることにより、都を守る御霊へと昇華した。現在、京の三大祭として知られる、葵祭、祇園祭、時代祭、そして夏の夜空をこがす五山の送り火は、いずれも都びとが大切に伝えてきた魂鎮めの祭礼である。

このうち最も古い「葵祭」は、6世紀ころ、しばしば風水害をもたらした賀茂神のたたりを鎮めるため始めた行事が起源といわれる。やがて平安時代、人口の増加とともに増えた疫病や火災を治めるために行なわれた魂鎮めの御霊会のひとつが、のちに「祇園祭」に発展した。明治期になって、平安京を開いた桓武天皇を奉ずる「時代祭」が加わり、京都はより強力な験力をもつ祭神の座す都となった。

葵祭
平安京以前に起源をもつ

賀茂神のたたりを鎮める

5月15日に行なわれる上賀茂・下鴨両神社の祭礼。祭儀に関わる人々や牛車、氏子の家の軒下に至るまで、双葉葵を花挿したことから、葵祭とよばれるようになった。

起源は古く、6世紀、欽明天皇の時代にさかのぼる。当時、しばしば起こった風水害が賀茂神のたたりによるものと占いに出たので、馬に鈴をつけて走らせたところ、嵐がおさまり五穀豊穣となったことに由来するという。以後、鴨氏（賀茂氏）によって賀茂祭として伝えられた。

奈良・平安時代から人気の祭

奈良時代には近隣から大勢の人が集まるほどの人気となり、走り馬や騎射も盛んに行なわれた。平安遷都後は、朝廷の庇護を受けて勅祭とされ、一時中断をはさんで今日に続く。

現在の葵祭は、京都御所で勅使が天皇の祭文を拝受する「宮中の儀」、古の装束姿の行列が練り歩く「路頭の儀」、そしてはるか昔、賀茂神に捧げられた「走馬の儀」が行なわれて、締めくくられる。

下鴨神社楼門
朱塗りも鮮やかな楼門。葵祭のとき、宮中から遣わされた勅使は、この楼門の向って左側の「剣の間」で剣を預ける。

42

「路頭の儀」
王朝風の装束に身を包んだ500人あまりの人々と、牛車2台、牛馬形40頭からなる全長1kmの行列が都大路を練り歩く。

上賀茂神社
上賀茂神社では、下鴨神社同様に、「社頭の儀」が行なわれ、「走馬の儀」で締めくくられ、夕刻御所に帰還する。

賀茂川沿いの巡行路
下鴨神社を出発した行列は、しばらく賀茂川西岸の堤を進む。この道は平安初期から巡行列がたどった道だ。

下鴨神社
下鴨神社では、祭のハイライト、斎王代の「御禊の儀」（これは上賀茂・下鴨で1年交替）のほか、勅使等による「社頭の儀」、「走馬の儀」などが行なわれる。なお境内の糺の森の木々越しに見る行列は、ひときわ美しい。

スタート
5月15日、行列が京都御所を出発し、丸太町通、河原町通を経て、下鴨神社へ向かう。

祇園祭と山鉾巡行

魂鎮めと疫病退散を願った御霊会に起源をもつ

真夏の京の熱い祭礼として知られる祇園祭。平安時代、疫病や不遇な死を遂げた人の怨霊を鎮めるための御霊会がその起源で、神泉苑や北野天満宮、今宮神社など京内の各神社でも盛んに行なわれた。

そのなかでも特に効果があるとされたのが祇園社（八坂神社）の御霊会だったという。そして869年（貞観11）、消疫病災の祈りの地であった神泉苑に当時の国の数66か国にちなんで66本の鉾を立て、祇園社から神輿を送ったところ験があり、これが祇園祭における山鉾巡行の起源であると伝える。近世には、京の、特に下京の町衆の繁栄の象徴として発展し、その華麗さが競われるようになった。

現在、祇園祭は、7月1日の吉符入りから宵山、ハイライトの山鉾巡行を経て、31日の疫神社夏越祭をもって、丸1か月におよぶ長い祇園祭が終了する。

山鉾巡行
華やかなお囃子とともに、豪華絢爛な32基の山鉾が、市中を練り歩く。

八坂神社
御霊信仰に基づき、疫病などを防ぐ祭の場として平安時代に成立。明治期までは祇園社とよばれた。

44

時代祭

桓武天皇を祭神とする時代絵巻

時代祭は、桓武天皇が長岡京から遷都した10月22日にちなんで行なわれる、平安神宮の秋の祭礼である。

第1回目は1895年（明治28）、「平安遷都千百年記念祭」として行なわれ、第2回より桓武天皇の神霊を奉ずる行事として実施されるようになった。1200年余の歴史を誇る古都・京都では、きわめて新しい祭に属する。

明治維新の維新勤皇隊列から始まり、江戸時代・中世・平安時代と時代をさかのぼり、京都を舞台に活躍した各時代の主役からなる18の行列が続く。

最後尾につくのは、桓武天皇と幕末の孝明天皇の霊をまつる2台の鳳輦である。平安京で生涯を終えた最初と最後の天皇は、こうして平成の時代の繁栄をながめつつ、都大路をめぐる。

時代祭の行列。1万2000点にもおよぶ華麗な衣装や祭具は、すべて専門家が時代考証を行ない、可能なかぎり当時と同じ素材・技術でつくられるという。

平安神宮応天門
明治28年、「平安遷都千百年記念祭」とあわせて内国勧業博覧会が開かれたおり、桓武天皇を祭神として造営。平安京の正庁朝堂院にあった建物を縮小して復元したもの。

平安の闇を彩る五山の送り火

法（松ヶ崎東山・大黒天山）
妙（松ヶ崎西山・万灯籠山）

「法」は江戸時代初期に始まったとされ、日像上人が妙の字を書き、点火したのが始まりという。法は最長約70メートル、妙は最長約100メートル。

「妙」は鎌倉時代初期に始まったとされる。

大文字（如意ヶ嶽）

8月16日、夜8時、最初に点火されるのが如意ヶ嶽（通称、大文字山）の送り火である。

如意ヶ嶽は、大文字山の送り火である。弘法大師が始めたといわれ、現在も山上の弘法大師堂で読経をあげてから点火される。

一画80メートル、二画160メートル、三画120メートル。

五山の送り火とは、毎年8月16日に行なわれるお盆の行事。京都市中を囲む5つの山に、精霊を彼岸に送るための送り火を焚くことから、その名がある。

起源は諸説あり、平安初期、大文字山麓の浄土寺の大火で阿弥陀仏が飛翔し空に光明を放ったことから、弘法大師空海がそれを模倣し火を用いる儀式として行なったとの説がある。現在は五山だが、明治以前には十山で行なわれていた。東山如意ヶ嶽の「大文字」から点火が始まると次々に山々の送り火が燃え上がり、去りゆく京の夏の夜が幽玄に彩られる。

左大文字（大北山）

京都御所より見て左にあるため、この名がある。「大」の字の筆順どおりに点火される。
一画48メートル、二画68メートル、三画59メートル。

船形 船山

円仁（慈覚大師）が唐から、暴風雨をついて無事帰国できたことにちなみ、その船をかたどって送り火を始めたという。幅200メートル、縦130メートル。

鳥居形（曼荼羅山・水尾山）

弘法大師が石仏1000体を刻み、その開眼供養のときの点火が起源という。他の送り火のようにあらかじめ薪を井桁に組まず、会員が松明をかついで走るため、「火が走る」ように見える勇壮な送り火である。幅72メートル、縦76メートル。

【京の通り名】
あねさんろっかくたこにしき……、手まり歌に読み込んだ京の通り名

京都は、大路小路が東西南北に交差する碁盤の目の町並みだ。北から東西に一条、二条……九条と大路が走り、南北も東京極大路と西京極大路の間を大路小路が走る。

それらの通り名は、いつのころからか、覚えやすいように手まり歌に読み込んで口ずさまれてきた。

たとえば、東西に走る通りの名は、北の丸太町通から南の五条までを、左のように「まるたけえべすにおしおいけ……」と歌う。

五条より南についても、「雪駄ちゃらちゃらうおのたな……」と

まる（丸太町通）、
たけ（竹屋町通）、
えべす（夷川通）、
に（二条通）、
おし（押小路通）、
おいけ（御池通）、
あね（姉小路通）、
さん（三条通）、
ろっかく（六角通）、
たこ（蛸薬師通）、
にしき（錦通）、
し（四条通）、
あや（綾小路通）、
ぶっ（仏光寺通）、
たか（高辻通）、
まつ（松原通）、
まん（万寿寺通）、
ごじょう（五条通）、
雪駄ちゃらちゃら（雪駄町通）※、
うおのたな（魚之棚通）※、
ろくじょう（六条通）、
さんてつ（三哲通）※通り過ぎ、
ひちじょう（七条通）越えたら、
はち（八条通）、
くじょう（九条通）、
じゅうじょう（十条通）
とうじ（東寺通）でとどめさす
※の通り名は今はない。

いう歌がある。雪駄とは雪駄町通のことで、五条通の一筋南側に位置するかのどちら側にあるかを言い表す場合は、南名楊梅通とよばれる通りのこと。なお、十条通ができたのは、大正初年であるから、「雪駄ちゃらちゃら……」の部分は、大正以降に付け加えられたものらしい。

そして東西南北の道は直角に交差しているため、その交差点を基点に南北に進むときは「上ル、下ル」、東西に進むときは「東入ル、西入ル」。また通りのどちら側に位置するかを言い表す場合は、南北の通りに対しては「東側、西側」、東西の通りに対しては「北側、南側」と表記する。それを頼りに進んでいけば、容易に目的の場所にたどり着けるというわけ。都びとの合理性を、こんなところにも見てとることができそうだ。

平安貴族の歴史舞台

知って訪ねる

恋する貴族たち 王朝文学の都

苔むす寺院、静かにたたずむ古社。京都はいたるところに、1000年の都にふさわしい王朝文学ゆかりの寺社が、今も数多く残されている。境内にたたずめば、喧騒の市街のなかであっても平安貴族たちの面影が蘇り、恋の行く末に思いをはせることもできるだろう。

貴船神社

和泉式部も参籠した
貴船神社（きぶねじんじゃ）
水の神として名高い山中の古社。夫とその恋人を呪詛するため参詣した「丑の刻参り」のような凄惨な話も伝わる。
→P34、60

平家栄華の後日談
寂光院（じゃっこういん）
平清盛の娘で高倉天皇妃だった建礼門院徳子の隠棲の地。謡曲「大原御幸」の舞台としても有名。檜皮葺屋根の美しい本堂で知られたが、2000年放火で焼失、2005年に再建。

新京極の繁華街にある
誠心院（じょうしんいん）
「和泉式部寺」ともよばれ、和泉式部が藤原道長から初代住職として与えられた寺。境内にある宝篋印塔は、和泉式部の墓ともいわれる。→P61

源融の邸宅を移した
渉成園（しょうせいえん）
東本願寺の飛地境内。園内の一部は光源氏のモデル源融の邸宅だった河原院の遺構と伝えられる。カラタチ（枳殻）の生垣をめぐらせたことから「枳殻邸」の別名をもつ。

小町邸跡に建つ
隨心院（ずいしんいん）
小野小町が暮らしたといわれる地に建つ。小町に寄せられた恋文1000束を埋めた「文塚」、小町が化粧をしたとされる「化粧井戸」などもある。991年建立の格式ある門跡寺院としても知られる。

深草少将ゆかりの
欣浄寺（ごんじょうじ）
小野小町のもとに百夜通いをした、深草少将の邸宅跡と伝えられる。少将の涙が今も湧き出るという「少将遺愛の井戸」、霊を供養するための少将塚と小町塚などが残る。

「源氏物語図色紙」より

大覚寺

大原野神社

小町が孤独の最期を迎えた
補陀洛寺（ふだらくじ）
別名「小町寺」。流浪ののち辿り着いた小町がここで没したとされる。深草少将の供養塔や小町の墓、小町の遺骨から生えたという「穴目のすすき」「小町姿見の井戸」などもある。

源融の父帝・嵯峨天皇の離宮
大覚寺（だいかくじ）
嵯峨天皇の離宮に建立された名刹。天皇の皇子の1人が、豪奢な風流人として知られる源融。南にある清涼寺は、元はやはり融の山荘・棲霞観があった地に建つ。→P57

奥嵯峨にひっそりとたたずむ
祇王寺（ぎおうじ）
平清盛に愛された白拍子の祇王ゆかりの寺。祇王・祇女の姉妹、同じく白拍子の仏御前らの木像が安置され、清盛の供養塔も建てられている。

業平と高子、再会の場所
大原野神社（おおはらのじんじゃ）
藤原氏の氏神・春日大社から勧請した神社。藤原氏出身の皇妃は、必ず参拝をしたという。東宮妃となった藤原高子が詣でた折、元の恋人・在原業平が供奉したとされる。

失意の業平が暮らした
十輪寺（じゅうりんじ）
在原業平が晩年住み、生涯を閉じたとされる。業平の墓もある。もとは文徳天皇皇后、藤原明子の安産祈願のために建立され、その折に産まれた皇子が、のちに藤原高子を妃とする清和天皇。

「宇治十帖」の舞台
平等院（びょうどういん）
藤原頼通が築いた名刹として知られるが、もとは源融の別荘。→P66、68

王朝文学の都

平安時代に花開いた、王朝文学の世界。華やかな作品群の土壌には、貴族たちが繰り広げた、無数の恋と野心が潜んでいる。美人の誉れも高いが晩年の落魄も伝わる小野小町、また、好男子・在原業平は『伊勢物語』に、豪邸を営んだ源融は『源氏物語』に、それぞれ素材を提供している。

和歌 小野小町

絶世の美人、惨めな晩年、伝説に彩られた歌人

小野小町ほど謎に満ちた女性はいない。仁明天皇、文徳天皇の時代に女官として仕えていたらしく、実在したことは確かだ。

しかし、生没年も出自も明らかではなく、100首を超える小町作の和歌も、実は『古今和歌集』に載る18首のみが実作という（『後撰和歌集』の4首を加える説もある）。いずれも魅力的な恋の調べで、後世への影響は強く、伝説は歌そのものが生み出したともいえる。

最も知られた伝説は、深草少将の「百夜通い」。100夜通えば思いを遂げさせると、小町に約束された少将は99夜目に亡くなってしまう。小町は恋文を燃やし、その灰で地蔵をつくり、少将を弔ったという。

美貌に自信をもち、男の愛を受け入れなかった結果、晩年は惨めなものだったという言い伝えは多い。墓のある洛北の補陀洛寺には、陸奥まで流浪した小町がこの地にたどり着き、晩年を過ごし、没したと伝えいる。亡骸は弔う人もなく、野ざらしにされ、白骨と化したという。老いさらばえた小町の姿を写した「小野小町老衰像」も残されている。

花の色は 移りにけりな いたづらに
わが身世にふる ながめせしまに

自身の老いを花の衰えにたとえて詠んだ、『古今和歌集』にある小町の歌。のちに『百人一首』にも採られ、最も有名な小町の歌となった。

源氏物語／大鏡 光源氏のモデルという源融

東本願寺の別邸・渉成園（枳殻邸）は、近世の池泉回遊式庭園である。だが、この地に移築されるはるか昔の平安時代、遺構の一部は鴨川河畔にあった源融の邸宅だったという。嵯峨天皇の第8皇子である源融は、贅を尽くした河原院で豪奢な生活を送った左大臣として有名だ。『源氏物語』の光源氏のモデルの1人でもある。

一方、歴史物語の『大鏡』には、陽成天皇が、素行が原因で太政大臣藤原基経によって廃位された際には皇位継承資格も、皇位の望みもあったという逸話を伝えている。

だがこのとき、一度臣籍に下っていを皇位に復した例はないとして、望みは適わなかった。基経が選んだのは時康親王。光孝天皇である。天皇は親王時代が長く、その子源定省も臣籍に下って久しかった。だが、天皇の発病によって、定省は融が適わなかった皇族復帰を果たし、ついに即位する（宇多天皇）。

河原院は、895年（寛平7）に融が亡くなって宇多天皇に寄進されるが、やがて廃墟となり、融の霊があらわれたという話が諸書に伝わる。

江戸時代に徳川家光から東本願寺へ寄進され、今日に伝わる渉成園。

伊勢物語
プレイボーイ？ 実は一途な想い！
在原業平

在原業平が藤原高子と出会ったのは、859年(貞観元)のことという。業平35歳、高子18歳であった。2人は恋に落ち、逢瀬を重ねる。しかし、高子の叔父・藤原良房は、彼女を入内させ自らの権力を強化する手段と考えていた。やがて2人の関係は知られ、高子は業平から遠ざけられてしまう。

『伊勢物語』は、男が女を連れて逃げるが、夜更けに鬼に女を食われてしまう話を載せる。これは高子を連れて逃げた業平が、良房の養子・基経によって取り戻されてしまった話に基づくという。やがて、高子は東宮妃、女御となり、業平の手の届かない人となった。業平の「東下り」も、その後のあまたの恋の遍歴も、この失恋ゆえという説もある。

『伊勢物語』はまた、東宮妃時代の高子が、藤原氏の氏神である大原野神社に参詣した話を伝える。供奉した「翁」は、こう詠んだ。

　大原や小塩の山も　けふこそは
　神代のことも　思ひ出づらめ

歌意は「氏神様も今日は古代を思い出し、懐かしんでいる」で、祝賀の歌。だが「翁」とは四十路を越えた業平であり、高子への忘れ得ぬ思いを託した話として伝えられている。

牛車に乗って女の家を訪ねる業平とおぼしき貴族の男。家来が仲介に立つことが多かった。

融・業平関係系図

藤原冬嗣 — 長良・良房・順子・嵯峨天皇
桓武天皇 — 平城天皇・紀名虎・阿保親王・伊都内親王
源融（嵯峨天皇の子）
仁明天皇・光孝天皇
文徳天皇・惟喬親王・有常・静子・女
明子・清和天皇
基経・高子
陽成天皇
在原業平

平家物語
栄華の残照のなかで輝く女人哀話の数々

有名な「祇園精舎の鐘の声、諸行無常の響きあり」で始まる『平家物語』。栄華とは、貴族の時代から武家の時代へと移る一瞬の光芒である。いわゆる王朝文学の情趣とは異なる無常観が、鎌倉時代以降から、描かれた平家一門の栄華は、平安末期の京都だ。琵琶法師の語り物として普及するのは、鎌倉時代以降だが、描かれた平家一門の栄華は、平安末期の京都だ。

『平家物語』には漂い、女性たちを中心に、ゆかりの旧跡も京都には多い。巻第一で登場するのは、全盛期の平清盛によって翻弄された白拍子・祇王。寵を失ったその妹たちが過ごしたのは、嵯峨野。当時の往生院は、祇王寺となって今に伝わる。

その後、祇王寺に登場するのは、琴の名手とされた小督。高倉天皇の中宮である徳子(建礼門院)に仕えたが、天皇の寵愛を買い、やはり嵯峨野に隠棲したという。嵐山には小督塚とよばれる五輪塔があり、東山の高倉天皇陵のすぐ南にある清閑寺には、小督供養塔も残る。

巻第十では、清盛の娘徳子の雑仕女・横笛に恋焦がれた斎藤時頼が、父の反対に背けず出家した悲恋譚が。時頼は滝口という御所警護の武士で、ゆかりの滝口寺は祇王寺のすぐ南に建つ。

『平家物語』は徳子の死で幕を閉じる。安徳天皇はじめ一族が滅亡した壇ノ浦の合戦後も生きながらえた徳子は、晩年彼らの菩提を弔い続けた。生涯を終えた場所が、大原の寂光院である。

最古にして、最も魅力的な京都ガイドブック『源氏物語』

舞台はすべて現実に存在

「五十四帖」（54章）にわたる大作、『源氏物語』。完成まで10年以上もかかったこの恋愛小説は、光源氏が出会うさまざまな出来事を描き上げた当時の超話題作である。

稀代の美男子、光源氏。義理の母藤壺中宮との密通、冷泉帝の誕生。六条御息所をはじめとする多くの女性との恋。須磨への追放、再び戻った都での栄達、六条院での紫上との華やかな生活……。

こうした物語を、当時の読者は現実の内裏や都の様子を重ね合わせて楽しんだ。光源氏の喜びも哀しみも、彼らの喜び、哀しみであった。光源氏は、たしかに京の都に生きて、存在していたのである。

もちろん、『源氏物語』の登場人物はすべてが創作である。その舞台も「なにがし寺」の

ようにあいまいな表現がとられている。しかし、そのうちの幾人かには、確かなモデルが存在するといわれ、場所も現実の京の都や、その周辺に対応している。当時の人は、「なにがし寺」がどこであるのか、それを推測して楽しんだりしたのであろう。

物語自体が京都の観光ガイドに

たとえば第10帖「賢木」の巻では、野宮一帯の風景がたんねんに描かれている。伊勢下向を控えて、嵯峨野の野宮神社にこもる六条御息所を光源氏が訪ね、別れを惜しむくだりである。御簾越しに御息所に榊の枝を渡す源氏。周囲の竹林を渡る風のささやきが聞こえてくるようだ。

このほかにも、比叡山や大雲寺、大学寮、大原野、さらには京を離れて須磨や明石なども描かれており、物語自体が京都とその周辺のガイドブックとなっているのである。

今日、宇治川の周辺には、『源氏物語』宇治十帖の舞台として、江戸時代につくられた古蹟が残る（→P68）。架空の話に古蹟とは不思議だが、すでに江戸当時『源氏物語』は大古典で、人々はあの話はどこ、この話はどこと思いをめぐらせたにちがいない。

国宝「源氏物語絵巻」第50帖「東屋」の部分（徳川美術館蔵）。桐壺院の皇子で光源氏の義弟にあたる八の宮の皇女に生まれた浮舟が、二条院でくつろいでいる場面。中央奥が、女房の読む物語を聞きながら絵草紙に見入る浮舟。このあと、薫と匂宮の2人に求愛されて、思い悩んだ末に宇治川へ入水するという波乱の物語が待っている。

盧山寺（ろざんじ）

紫式部の邸宅があった地。ここで書き始めた物語が評判となって、藤原道長の娘で一条天皇の中宮だった彰子に出仕することになる。ちなみに道長の土御門殿は、ここから100mと離れていない。

内裏

現在の皇居にあたる内裏は、大内裏の中央東寄りにあった。東西約220m、南北約300m。築地塀と複廊で二重に囲まれていた。→P62

東三条院跡（ひがしさんじょういん）

道長の姉で、円融天皇妃だった詮子（せんし）の邸宅。円融天皇崩御後、この邸宅にちなんで「東三条院」の称号を賜った。→P65

土御門殿跡（つちみかどどの）

藤原道長の代表的な邸宅。『紫式部日記』には、道長の娘の彰子が、ここで敦成親王（のちの後一条天皇）を出産したことなどが記されている。現在の仙洞御所（せんとうごしょ）跡付近。

歴史探訪ガイド

嵯峨・嵐山周辺をめぐる

『源氏物語』と『平家物語』二大傑作の舞台

王朝人が「侘び住まい」をした嵯峨野には、平安文学ゆかりの古社寺が散在する。現在は観光地として知られ、辻々には道標も整備されており、迷う心配なく散策が楽しめる。

竹林の道を歩く

JR嵯峨野線嵯峨嵐山駅を出てトロッコ嵯峨駅の南から西へ続く細道を直進すると、やがて高架になっている広いバス通と交差する。**天龍寺**はバス通をくぐり、次の広い道に面しているが、まずは天龍寺の門前を過ぎ、さらに先の渡月橋へ。桂川対岸には平安遷都以前に創建されたという、法輪寺が見える。

天龍寺からは、曹源池を中心とする方丈庭園を北に抜け、北門をくぐり右折。竹林の美しい道を歩くと、左手に**野宮神社**が建つ。

周囲の小柴垣や樹皮がついた自然木の黒木鳥居は、『源氏物語』の雰囲気を感じさせるに充分。ここから伊勢へ旅立ったという六条御息所に思いをはせつつ参拝したら、竹林の道をさらに北へ進む。踏切を渡るとやがてT字路。左折してから仁王門から南へ進めば、天龍寺前のバス通に出るが、できれば嵯峨天皇の離宮を改めたという**大覚寺**にも足をのばしたい。東に広がる大沢池北には、古歌に詠まれた名古曽の滝跡もある。ゴールとなるバス停は、寺のすぐ前にある。

大沢池から大覚寺を望む。

源融の別荘跡から嵯峨御所へ

二尊院の門前から北へ道なりに進むと、**祇王寺**が建つ。苔庭の広がる静かな境内は、『平家物語』の女人哀話にふさわしい。南には横笛との恋を果たせず、出家した斎藤時頼(滝口入道)ゆかりの**滝口寺**(旧往生院三宝寺)がある。山門左手には、入道に面会を拒まれた横笛が、指の傷から流れる血で歌を書いたという歌碑が残る。

ここからは来た道を二尊院手前の辻まで引き返し、**清涼寺**へ向かう。光源氏のモデルといわれる源融が山荘を築いた場所で、春・秋に公開される霊宝館には、融に似せてつくられたという阿弥陀像が安置されている。

仁王門から南へ進めば、天龍寺前のバス通に出るが、できれば嵯峨天皇の離宮を改めたという**大覚寺**にも足をのばしたい。東に広がる大沢池北には、古歌に詠まれた名古曽の滝跡もある。ゴールとなるバス停は、寺のすぐ前にある。

次の辻を左折すると、右手に、田園を前景にした落柿舎が見える。さらに直進すると、紅葉の名所として名高い**常寂光寺**、その北には**二尊院**が建つ。

おすすめ探訪コース

所要時間 約3.5時間

嵯峨嵐山駅 JR嵯峨野線
↓ 徒歩10分
天龍寺
↓ 徒歩5分
野宮神社
↓ 徒歩10分
常寂光寺
↓ 徒歩5分
二尊院
↓ 徒歩5分
祇王寺
↓ 徒歩すぐ
滝口寺
↓ 徒歩15分
清涼寺
↓ 徒歩20分
大覚寺
↓ 徒歩すぐ
大覚寺バス停

【アクセス】京都駅からJR嵯峨野線(山陰本線)で18分、嵯峨嵐山駅下車。**大覚寺バス停**から市バス28系統で50分、京都駅下車。

57

古寺を訪ねる

光源氏が若紫を見初めた「北山のなにがし寺」とされる 鞍馬寺（くらまでら）

本殿金堂。開創以来の本尊である毘沙門天のほか、千手観世音菩薩、護法魔王尊の三身をまつり、当寺ではこれらを「尊天」として尊んでいる。また、鞍馬山の古名「くらぶ山」は「暗部山」のことで、樹木に覆われた深山を意味した。

木々に囲まれ昼なお暗い修験の山

標高570メートルの鞍馬山の鬱蒼とした木々に囲まれた、昼なおほの暗い山中に建つ鞍馬寺。中腹の多宝塔までは仁王門からケーブルで行けるが、できれば徒歩で詣でたい。

開創は鑑禎上人で、770年（宝亀元）のことという。苦難の末に来日し、奈良の都に唐招提寺を開いた鑑真の弟子にあたる、鑑禎がまつった とされる本尊毘沙門天は、北天の守護神とされたため、平安遷都直後に鞍馬は都を守る北方鎮護の役割を担うこととなった。

平安時代から中世にかけて、鞍馬をはじめ、峻険な山々を修行の場とした修験道の一団があった。いわゆる山伏である。山中での厳しい暮らしは、市中の生活者からは人智を超えた異能の集団、さらには異界の徒と考えられた。神通力をもった「鞍馬山の天狗」とは、こうした山伏たちへの畏敬の念から生み出されたといってよいだろう。鞍馬寺は王城鎮護の守護神から、この世の救いを求める都の人々の魂のよりどころとなったのである。

王朝の女性文学者や源氏の御曹司とのゆかり

仁王門と本殿金堂の間に鎮座するのが由岐神社。有名な「鞍馬の火祭」とは、ここで毎年10月22日に行なわれる例祭だ。由岐神社から本殿金堂までの参道は、つづら折りとよばれる急坂で、『枕草子』では、「近うて遠きもの」として取り上げられている。また、『源氏物語』で、病を得た若

霊宝殿

1階は、自然にも恵まれた鞍馬山の環境を紹介する博物館、2階は寺宝の展示、3階に諸仏を安置。3階には、左手を額にかざし、はるか鞍馬の山から都を見張り守護する毘沙門天像と、吉祥天（いずれも国宝）、観音菩薩立像（重文）などが置かれている。

本殿金堂

通常の寺院の本堂または金堂にあたり、本尊毘沙門天像などをまつる。1971年の再建で、鉄筋コンクリートの入母屋造り。

義経供養塔

東光坊跡ともよばれ、幼少期の源義経が7歳のころから約10年住んだ庵があったと伝えられる。1940年に整備され、供養塔が建てられた。

青字 重要文化財建造物

由岐神社

940年、鞍馬寺の鎮守社として、御所より勧請されたという。祭神は大己貴命と少彦名命である。

仁王門

寿永年間の創建だが、現在の建物は1911年再建の丹塗りの楼門。湛慶作といわれる仁王立像は、明治期の再建時に移されたもの。

松尾山鞍馬寺

【宗派】鞍馬弘教総本山
【創建】770年（宝亀元）

◆アクセス
京都府京都市左京区鞍馬本町1074
電話：075-741-2003
交通：叡山電鉄鞍馬線鞍馬駅下車、仁王門まで徒歩3分。

き光源氏が療治のために参籠した「北山のなにがし寺」とは、古来この鞍馬寺とされている。

由岐神社の近くに義経供養塔が建つ。実母・常磐御前が平清盛に身を任せる代わりにその命を救われたという。牛若丸の住んだ東光坊がここにあったとされる。

この地で少年期を過ごした牛若丸は源義経となり、平家追討の功労者となった。のちに奥州平泉で非業の死を遂げたが、その魂は鞍馬に戻ったとされ、奥の院の義経堂にまつられている。

歴史探訪ガイド

鞍馬寺・貴船神社

伝説の宝庫・鞍馬と貴船の里

左右に灯籠が続く貴船神社の参道。80余段の石段を上れば、蒼然とした神域が広がる。

鞍馬と貴船は紅葉の名所。貴船はまた、夏の納涼床で名高い。鞍馬寺からは牛若丸（源義経）ゆかりの史跡などをたどりながら歩ける、絶好のハイキングコースで結ばれている。ただ、高低差が激しいので、足下はしっかりと固めておきたい。

杉の巨木に覆われた参道を行く

鞍馬駅を出て、みやげ物店が並ぶ道を進むと、正面の石段上に鞍馬寺の**仁王門**がそびえる。つづら折りとよばれる険しい参道のため、門脇の受付では杖を無料で貸しだしている。**本殿金堂**に到着して見返れば、屋根越しに比叡山の山並みが美しい。

牛若丸ゆかりの山道を軽快にハイク

拝観を終えたら東側の細道から、再び山を登り始める。義経堂前の三叉路を左へとると、木の根道。しばらく進み奥の院、宇宙から降臨した魔王をまつる**魔王殿**へ向かう。どこちらも神秘的な雰囲気をもつ社で、天狗の伝説地にふさわしい。

ここからは山を下り、貴船川へ向かう。川手前には寺の西門があり、貸杖はここで返却する。

貴船川沿いに広がる京の奥座敷

西門から**貴船神社**まではすぐだ。当地は賀茂川の水源のひとつと考えられ、古来水神として信仰が厚い。拝観を終えたら川沿いをさらに進んで**貴船神社奥宮**へ。途中、縁結びにご利益がある結社にも立ち寄りたい。奥宮に鎮座する船形石の下には、創建にかかわるとされる、神武天皇の母宮玉依姫が乗った黄船が隠されているという。

ここからは川沿いを引き返し、貴船口駅へ向かう。春分の日から11月30日までは、途中の貴船バス停から駅まで京都バスが運行している。

【アクセス】京都駅から市バスで約30分、出町柳下車、叡山電鉄に乗り換え約30分、鞍馬駅下車。貴船口駅から叡山電鉄で27分、出町柳駅下車、市バスに乗り換え約30分、京都駅下車。

おすすめ探訪コース　所要時間 約6時間

鞍馬駅 → 叡山電鉄 徒歩3分 → 仁王門 徒歩35分 → 鞍馬寺本殿金堂 徒歩25分 → 魔王殿 徒歩25分 → 貴船神社 徒歩15分 → 貴船神社奥宮 徒歩40分 → 貴船口駅 叡山電鉄

【貴船神社と和泉式部】
「冥きより冥き道にぞ入りぬべき」和泉式部の恋の巡礼と、女人往生

貴船神社を訪れる和泉式部

都の北、貴船の地は鴨川の水源。貴船神社は水の神として古くから京の人々にあがめられてきた。本宮から貴船川沿いを上流に歩くと、左手にあるのが、縁結びの神として知られる貴船神社の結社である。

平安時代の歌人和泉式部は、20歳以上年長の2番目の夫、藤原保昌の心変わりを嘆き、復縁祈願のためにこの社を参詣したとき

　もの思へば沢の蛍もわが身より
　あくがれ出づる魂かとぞ見る

と詠んだ。御手洗川に飛んでいるたくさんの蛍を見て、物思いのために肉体から離れ飛んだ魂かと思ったというのである。

同時代の『源氏物語』では、六条御息所の魂は葵上や紫上に物の怪となってとり憑いた。愛欲に憑かれた和泉式部の魂も、自分のもとを離れた男を激しく求めて、蛍のようにさ迷っている。わが身魂の分裂を痛切に体験していた式部だからこそ、このような歌が生まれたのであろう。

多くの男性との恋の遍歴

和泉式部は、紫式部と同時期に中宮彰子に仕えていた女房であ

った。学問の家、大江家の出身で、最初の夫、橘道貞とは式部が20歳のころに結婚するが、不仲となれていった。なお、愛欲の冥さに引き込まれ、冷泉帝の皇子為尊親王、ついで弟の敦道親王と愛し合う。わが身の性と、救いへの憧れが、この歌に見事に結晶しているように思われる。

『和泉式部日記』は、為尊親王との死別を嘆いているところから始まる。このとき弟の敦道親王の使いで来た童に、自分の寂しい思いを詠んだ歌を託した式部は、数日後に訪ねてきた敦道親王と契りを結んでしまうのである。やがて敦道の邸に引き取られ、愛に満ちた日々を送る。しかし、その敦道親王も式部を残して27歳の若さで世を去ってしまう。

　冥きより冥き道にぞ入りぬべき
　はるかに照らせ山の端の月

この歌は、播磨国の書写山円教寺を開いた性空上人に結縁のために送ったもので、「冥キヨリ冥キニ入リテ永ク仏名ヲ聞カズ」という法華経の文句を踏まえている。現在の誠心院は、桃山時代の秀吉の市街整備により、新京極六角下ルに移転。新京極通に面する境内には、式部の墓とされる宝篋印塔が建つ。

晩年の和泉式部

中宮彰子の女房として仕えた時期までは、式部にとって楽しい日々であったらしい。しかし保昌の妻となって京を離れたあとの日々は冒頭の歌にも見られるように、決して楽しいものではなかったようだ。歌人として有名な娘の小式部内侍が、産後の肥立ちが悪くて亡くなり、その翌年1026年（万寿3）、式部の理解者であった彰子の父、道長も出家。さらにその翌年には藤原道長も死去してしまう。

この年に創建された誠心院の寺伝によると、道長が式部のために与えた庵が、同院のおこりで、式部が初代の住職だとされている。

「山の端」にかかる月輪は、「山越阿弥陀図」などに描かれる菩薩像をイメージしているのだろうか。式部は愛欲からの救いを、浄土

新京極六角下ルの誠心院にある和泉式部の墓。式部の墓や塔は、ほかにも大阪を中心に全国に残る。

内裏で繰り広げられた藤原氏の栄華と陰謀

平安京の北に位置した大内裏。天皇の住まいである内裏と、中央諸官庁など、都の中枢機能がここに集中していた。貴族たちの政治の表舞台であり、謀略の中核地でもあった。

「桐壺」とはここのこと
淑景舎（しげいしゃ）
『源氏物語』で、後ろ盾がいないために光源氏の実母は清涼殿から遠いこの御殿を賜った設定とされた。「桐壺」は前栽の樹木にちなむ。

後宮七殿の中心
承香殿（じょうきょうでん）
これより北の御殿は「後宮七殿」とよばれ、皇后・中宮・女御ら天皇の后妃の住まい。承香殿で過ごした、実在する有名な后妃は、藤原顕光の娘・元子。

内裏の心臓部
紫宸殿（ししんでん）
元旦の挨拶などを行なった内裏の正殿。「南殿」ともよばれる。

安倍晴明の勤務先
陰陽寮（おんみょうりょう）
中務省に属する役所。天文・暦学をつかさどった。→P34

紫式部日記にも描かれた
土御門殿（つちみかどどの）
藤原道長の代表的な邸宅。正妻・倫子が嫡男頼通や彰子を産み、その彰子がやがて、一条天皇の第2皇子（後一条天皇）を産んだ。

道長の姉の邸
東三条院（ひがしさんじょういん）
藤原良房の邸宅が起源。藤原道長の姉で円融天皇の女御・詮子が住んだ。

道長一門のライバル
二条宮（にじょうのみや）
北（二条第）に藤原道長の甥・伊周が住み、南の二条宮に伊周の妹・定子が住んだ。定子に仕えた清少納言が、その最盛期を『枕草子』に描いている。

光源氏の豪邸のモデル
河原院（かわらのいん）
光源氏のモデル、源融の邸跡。→P52

内裏

東西約220m、南北約300m。
焼失と再建を繰り返した。

※「内裏」図と「大内裏」図は、主に陽明文庫所蔵「宮城図」をもとに作成。

「藤壺」とよばれた
飛香舎（ひぎょうしゃ）

『源氏物語』で、光源氏が慕う継母の御殿とされたが、藤原道長の娘で実在の中宮・彰子もここを賜っていた。「藤壺」は前栽の樹木にちなむ。

天神様が祟ったという
清涼殿（せいりょうでん）

天皇の日常の住まいで寝室や料理室も備えていた。菅原道真が死後、怨霊となって雷を落とした場所でもある。→P38

大内裏

東西約1.2km、南北約1.4km、周囲は高さ約2mの築地塀で、囲まれていたという。

失火の陰に謎と陰謀
応天門（おうてんもん）

重要儀式を行なった朝堂院の正門。866年に焼失、いわゆる「応天門の変」で、藤原専制政治の序曲となった。

花山天皇誕生の地
一条院（いちじょういん）

藤原伊尹の邸宅。娘・懐子が冷泉天皇の第1皇子をここで産み、やがて花山天皇となった。一条天皇、後一条天皇の里内裏ともなる。

嵯峨天皇の離宮
冷泉院（れいぜいいん）

代々の天皇の離宮、または上皇（譲位した天皇）の御所として使われた。

初の「里内裏」
堀河院（ほりかわいん）

初の関白、藤原基経の邸宅が起源。円融天皇の時代に初の「里内裏」ともなる。道長に祟った顕光も住み、白河天皇以後は「院政」の舞台ともなる。

藤原氏の栄華と陰謀

平安時代は藤原氏の時代でもある。その栄華は、後宮に娘や姉妹を入れて天皇の外戚となり、摂政や関白に昇って朝廷の実権を掌握するシステムが不可欠だった。そのために、他の名家や有力な皇子はもとより、同族間であっても、ライバルたちを追い落とす権謀術数が渦巻いていた。

応天門の変

大内裏正門で謎の失火 専制政治の序曲となった

866年（貞観8）閏3月、大内裏の正門、応天門から火の手が上がり、全焼するという大事件が起きた。直ちに大納言・伴善男は左大臣・源信の放火と告発。これに対し、太政大臣・藤原良房は信に刑罰を科さないという政界中枢から退かせ、騒動は収まるかにみえた。

だが、やがて「伴大納言こそ、放火した張本人」と密告する者が現れる。伴善男はこれを否定するが、結局伊豆へ流刑に処されてしまう。事件の真相は不明だが、嵯峨天皇の末裔で才気煥発の信と、名門大伴氏の末裔で才気煥発の善男を、ともに葬り去ろうとする良房の謀略があったとも考えられる。この後、良房は、外孫・清和天皇を即位させ、皇族以外で初の摂政となって藤原氏専制の礎を築いた。

なお、この事件を素材にした「伴大納言絵詞」（国宝）は、絵巻の傑作としてあまりに有名だ。

花山天皇出家事件

政治家の「涙」はいつでも流せる！

986年（寛和2）6月、花山天皇は突然内裏から姿を消した。最愛の女御・忯子を亡くし失意にあった天皇は、藤原道兼から、ともに出家しようと誘い出されたのである。『大鏡』によれば、天皇は女御の手紙を取りに帰りたいと言い出すが、道兼は、うそ泣きまでして先を急がせ、大内裏を脱出したという。山科の元慶寺に到着後、天皇は直ちに剃髪。だが、道兼は親に挨拶をして来ると寺を出て、戻らなかった。すべては道兼・兼家の策謀であった。天皇在位は2年、19歳での出家である。兼家の外孫で6歳になったばかりの懐仁親王が即位し（一条天皇）、兼家自身は摂政、やがて関白となって朝廷の実権を握った。

皇后定子

有力な後ろ盾を次々に失った、清少納言の主人

藤原道隆の娘・定子は、990年（正暦元）、一条天皇の元服に際し、15歳で入内した。定子に仕えた清少納言は、美しく聡明な定子に対する天皇の寵愛ぶりを『枕草子』に誇らしげに書き綴っている。

順風に思われた定子だが、父・道隆の病死で運命が一変する。頼みとした兄の伊周も、伯父・道長の策謀で失脚し、落胆した定子は、ついに内裏を出て落飾。だが、再び入内を促され、第1皇子・敦康親王を出産するという数奇な人生をたどった。

しかし、まもなく道長の娘・彰子が中宮となり、道長一門の全盛下、定子は名ばかりの皇后となった。やがて皇女を出産して間もなく、この世を去った。24歳の若さであった。

定子の運命を狂わせた、伯父の藤原道長。

道長政権を確立させた2人の女性

詮子と彰子

藤原道長の姉・詮子は、978年(天元元)、円融天皇に入内、第1皇子・懐仁親王を出産した。986年(寛和2)、親王が即位すると一条天皇、詮子は皇太后に冊立。5年後円融院崩御に際して出家し、上皇に準ずる史上初の女院宣旨を受け、住まいの名から「東三条院」と称した。弟の道長と甥の伊周の権力争いの最盛期には、毎晩一条天皇に道長に肩入れするよう説得したという。

道長の長女・彰子は、999年(長保元)、12歳でいとこにあたる一条天皇のもとに入内し、中宮となった。9年後、彰子は第2皇子・敦成親王を出産(第1皇子は第2皇子・敦康親王)。当時、彰子のもとに出仕していた紫式部は、皇子誕生の喜びに沸く土御門殿の様子を鮮やかに書き留めている。

一条天皇崩御、三条天皇譲位で、1016年(長和5)、敦成親王は9歳で後一条天皇に即位する。このとき皇太子は、彰子が産んだ一条天皇の第3皇子・敦良親王であった。

こうして道長は、次々と天皇の外祖父となり、さらに後一条天皇のもとに三女・威子を入内させて、藤原氏全盛期を築いたのである。

道長の栄華の陰で怨み抜いた

悪霊左大臣

堀河院に住み「堀河の大臣」とも呼ばれた藤原顕光。道長が左大臣の時に右大臣で、両家は父の世代(兼通と兼家)以来の宿敵だった。

しかし、期待をこめて一条天皇の後宮に入れ、承香殿の女御とよばれた長女・元子には皇子は生まれず、次女・延子が嫁いだ敦明親王(三条天皇皇子)は道長を恐れ、皇太子を辞退。さらに元子は一条天皇没後、他の貴族と密かに情を交わし、激怒した顕光との実権を持てなかった顕光の、死後長く道長一門に祟り、敦明親王が道長の婿となったのを怨み早世する。

こうして天皇外戚としての実権を持てなかった顕光の、死後長く道長一門に祟り、延子は敦明親王が道長の婿となったのを怨み早世する。「悪霊左大臣」として恐れられたという。『宇治拾遺物語』には、道長を呪詛しようとした老法師の企みを陰陽師安倍晴明が事前に見破った話があり、その黒幕は顕光とされている。

藤原道長の邸宅の1つ、土御門殿で、一門の運命を握る皇子(敦成親王)を抱く道長夫人の倫子と、道長の娘・彰子。「紫式部日記絵詞」より(東京国立博物館蔵)

天皇家・藤原氏略系図

```
冷泉─┬─花山
     │
     ├─三条─┬─敦明親王
     │      │
超子─┤      └─延子
     │
詮子─┼─一条─┬─敦康親王
(東三条院)  │
円融─┤      ├─後一条
     │      │
     │彰子─┼─後朱雀
     │      │
     │      └─嬉子
定子─┤
城子─┘

兼通──顕光──┬─元子(一条妃)
              └─延子(敦明親王妃)

兼家─┬─道隆
     ├─道兼
     ├─道綱
     ├─道長─┬─頼通
     │      ├─教通
     │      ├─彰子(一条妃)
     │      ├─妍子(三条妃)
     │      ├─威子(後一条妃)
     │      ├─嬉子(後朱雀妃)
     │      └─寛子(敦明親王妃)
     ├─超子(冷泉妃)
     ├─詮子(円融妃)
     ├─源倫子
     ├─源明子
     └─伊周

為光──忯子(花山妃)
```

> 古寺を訪ねる

この世に「浄土」を再現した藤原氏ゆかりの寺
平等院
びょうどういん

両翼の均衡美に加えて、水面に映える対称美も華麗な鳳凰堂。

両翼を広げる美しい鳳凰の姿

 平等院には、JR京阪宇治駅から向かうと、境内北側の表門から入ることになる。阿字池を目指して歩き、右回りに池を回り込むと、鳳凰堂がその全容をあらわす。

 鳳凰堂は東を向いて建っている。朝日を浴びて阿字池に映るお堂は、息をのむ美しさだ。中堂の屋根上には鳳凰が一対、翼を広げ、中堂正面の格子戸に開いた円窓からは、阿弥陀如来のご尊顔が浮かびあがる。まさに極楽浄土を思わせる風景である。

 平等院は、光源氏のモデルといわれている源融が、宇治に築いた別荘だった。その後、ときの権力者藤原道長が譲り受け、その子頼通が、これを仏寺に改めた。中堂の左右に翼楼が落成したのはその翌年。中堂の左右に翼楼が広がり、建物そのものが、当時の平安貴族があこがれた浄土にすむ鳳凰の姿となっている。中世以降のたび重なる戦禍を奇跡的にのがれて、平等院のなかで唯一、創建時の姿を私たちに見せてくれるのがこのお堂だ。池の水面に幻想的な影を落とすこの鳳凰堂を見て、極楽浄土を心に浮かべた平安貴族たちの切なる思いが伝わってくるようである。

 中堂には平安時代最高の仏師、定朝の手になる阿弥陀如来坐像が安置されている。半眼で結跏趺坐し、定印を結んだ姿で、訪れる人々を優しく見下ろしている。

 なお、鳳凰堂の中堂内の天蓋、光背、台座は2007年（平成19）8月まで修理中である。

新設の鳳翔館で見られる寺宝の数々

 鳳凰堂に向かって左の翼楼から、池にかかる橋を渡ると鳳翔館がある。2001年に完成した新しい建物だが、平等院の寺宝の多くをここで拝観することができる。特に必見なのが、木彫の雲中供養菩薩像（国宝）だ。雲に乗り、浄土の世界を飛翔し

浄土院
浄土宗の栄久上人が15世紀に開創と伝えられ、阿弥陀如来立像や伝帝釈天立像が安置されている。養林庵書院(重文)には、狩野山雪作とみられる障壁画が描かれている。

鳳凰堂　国宝
本尊、阿弥陀如来坐像の安置される中堂(首と胴体)の両側に翼廊(翼)、背後に尾廊(尾羽根)が配され、翼を広げた鳳凰に見立てた姿となっている。

最勝院
平等院塔頭の1つ。内部には平安期に制作された、女神坐像が納められている。

庭園　国特別史跡・国特別名勝
阿字池の中島に鳳凰堂を置き、中心とした浄土式庭園。「観無量寿経」に説く極楽浄土の宝池を立体的、視覚的にあらわしたものである。

観音堂　重文
鎌倉時代に入ってから建てられたもので、堂内には、一面観音立像(重文)、不動明王立像が安置。宇治川の戦いで源頼政が軍扇を敷いて自刃したと伝えられる「扇の芝」はこの北側にある。

赤字　国宝指定建造物
青字　重要文化財建造物

朝日山平等院
【宗派】既成宗派に属さない単立寺院
【創建】1052年(永承7)

◆アクセス
京都府宇治市宇治蓮華116
電話：0774-21-2861
交通：JR奈良線宇治駅より徒歩約10分、または京阪電鉄宇治線宇治駅より徒歩約10分。

て演奏し、または舞い踊り、阿弥陀如来を讃える52体の菩薩の群像。本来は中堂の阿弥陀如来を囲むように壁面に安置されていた。変化に富み、かつ調和のとれた美しい仏さまたちである。中堂の屋根に置かれている鳳凰のオリジナル(国宝)、観音菩薩立像(重文)、地蔵菩薩立像、鳳凰堂中堂扉画8幅(国宝)なども見ておきたい。

初夏に咲く藤は有名だが、春は桜、そして阿字池に咲く睡蓮、秋は紅葉、冬は雪景色と、四季折々にさまざまな顔を見せて、拝観客を迎えてくれる。

歴史探訪ガイド

宇治周辺をめぐる
藤原氏ゆかりの古寺と『源氏物語』の舞台へ

全54帖におよぶ大作『源氏物語』。その後半10章、いわゆる「宇治十帖」の舞台に選ばれた地だ。宇治川沿いに残る藤原氏ゆかりの古寺を訪ねると、点在する古蹟がみやびな世界へといざなう。川沿いはまた、桜や紅葉の名所でもある。

宇治川沿いの古蹟をめぐる

JR宇治駅を出て突き当たりの商店街を左に折れると、やがてあらわれる大きな川が宇治川。手前にある紫式部像や『源氏物語』第54帖（最終章）「夢浮橋」の古蹟を見たら、鳥居横からのびる**平等院**参道を進む。拝観後は鳳翔館裏の南門から出て宇治川へ。正面の喜撰橋を渡ると塔の島だが、手前を川沿いに東へ向かうと第49帖「宿木」の古蹟がある。塔の島から北へ進むと、橘島に出る。中程には木曾義仲と源義経とが争った宇治川の戦いにちなむ先陣之碑が立つ。朱塗りの朝霧橋を渡って**宇治神社**へ。右手の高台には、物語後半のヒロイン浮舟の命を救い、出家の願いを叶えた僧のモデルとされる恵心僧都ゆかりの恵心院が建つ。神社を東に抜けると、第48帖「早蕨」の古蹟。すぐ先には、**宇治上神社**が見える。平安時代から残る本殿や拝殿は、現存する日本最古の神社建築。王朝人の邸宅を連想させる優美な造りだ。物語では、八宮の邸が建つ場所として描かれている。

花の名所の観音霊場へ

社の北、第47帖「総角」の碑を経て宇治市**源氏物語ミュージアム**に向かう。ここで物語をおさらいしたら、さらに北へ。翔英高校付近には、第52帖「蜻蛉」の古蹟がある。東へ向かうと歩を進めると、京阪三室戸駅からのびる参道と合流。東へ向かうと**三室戸寺**に出る。杉に覆われた境内は、アジサイやツツジ、蓮、紅葉など、四季折々に美しい花の名所としても有名だ。本尊・千手観音菩薩を安置する本堂裏側には、第51帖「浮舟」の古蹟が建つ。

来た道を引き返して、府道7号へ。すぐの第53帖「手習」の古蹟を見てから、京阪三室戸駅にゴールする。

世界遺産に登録されている宇治上神社の拝殿。

おすすめ探訪コース　所要時間 約4時間

宇治駅 JR奈良線
↓ 徒歩15分
平等院
↓ 徒歩5分
塔の島
↓ 徒歩5分
宇治神社
↓ 徒歩すぐ
宇治上神社
↓ 徒歩7分
宇治市源氏物語ミュージアム
↓ 徒歩25分
三室戸寺
↓ 徒歩20分
三室戸駅 JR奈良線

【アクセス】京都駅からJR奈良線で25分、宇治駅下車。三室戸駅から京阪宇治線で2分、黄檗駅下車、JR奈良線に乗り換え20分、京都駅下車

寺のまち京都と名僧たち

知って訪ねる

庶民を苦しみから救った名僧たちゆかりの古寺

現在、京都には1600ほどの寺院があるという。その多くは、鎌倉時代に登場した新仏教の開祖たちに起源をもつ。「寺の町・京都」の原点をつくったこれら名僧たちの足跡をたずねてみた。

知恩院

臨済宗の開祖 栄西(えいさい) (1141〜1215)

比叡山で密教を学び、2度の入宋で臨済宗を研究。博多や京都、鎌倉で禅を広めた。晩年は京都の建仁寺、鎌倉の寿福寺など禅宗の大伽藍の造営を監督。

浄土宗の開祖 法然(ほうねん) (1133〜1212)

念仏信仰の先駆者。比叡山で修行。「大原問答」で専修念仏の大切さを説き、『選択本願念仏集』を著した。修行を重ねたゆかりの地に法然院が、また法然の草庵跡に知恩院が建つ。

「南無阿弥陀仏」を広めた 空也(くうや) (903〜972)

平安中期の代表的な庶民宗教者。念仏をとなえ、京都市中を遊行して玄米を食し、貧者に施し阿弥陀聖、市聖と称された。有名な空也上人立像が六波羅蜜寺に残る。

萬福寺を建立した 隠元(いんげん) (1592〜1673)

明の福建省に生まれ、1654年日本に渡来。萬福寺を建立して本格的に布教活動を開始。隠元豆をもたらし、食文化や建築などにも影響を及ぼした。

曹洞宗の開祖 道元(どうげん) (1200〜1253)

名門・久我家の出身で、比叡山で修行。建仁寺で栄西の弟子・明全に師事。宋に渡航。帰国後、山城に興聖寺を建立。越前で永平寺を開き、『正法眼蔵』を執筆した。

禅の本質に迫った風狂
一休 （1394～1481）
6歳で寺に預けられ、13歳のとき、建仁寺で禅を修める。形式や虚偽を排してあるがままに生き、禅の本質に迫ろうとした。晩年、**大徳寺**の住持となる。

大徳寺三門

専修念仏を批判した
明恵 （1173～1232）
鎌倉初期の華厳宗の僧。神護寺の上覚に師事し、16歳で出家。後鳥羽上皇の院宣により**高山寺**を再興。栂尾山にある茶園は、明恵が栄西から贈られた茶を初めて植えた所といわれる。

時宗の開祖
一遍 （1239～1289）
専修念仏の行により、衆生はただ1回の念仏で往生できると確信。**清涼寺**、因幡堂、雲居寺、六波羅蜜寺などを巡礼。「南無阿弥陀仏」と記した札を配り、踊り念仏を行ないながら各地を遊行した。

浄土真宗の開祖
親鸞 （1173～1262）
京都出身で、9歳で出家。比叡山で修行後、19歳のとき京都六角堂に百日参籠。聖徳太子の示現により東山吉水の法然を訪ね、専修念仏に帰した。しかし念仏禁止の弾圧を受け、越後に配流。関東で布教する。娘・覚信尼の建てた大谷廟堂が**本願寺**の始まりとされる。

高山寺

神山
紅葉谷三
大徳寺
鷹峰

清涼寺
広沢池
嵯峨

山陰本線
太秦

西本願寺

桂駅
阪急京都線

東寺

勝持寺
大原野

東海道本線
長岡

桂川

伏見

東本願寺

名僧たちゆかりの古寺

平安時代、仏教は貴族の信仰で、庶民を救う宗派はほとんどなかった。しかし平安末期から鎌倉初期、庶民の苦しみを救おうとする僧侶がほぼ同時期に現れてきた。以後、寺院は修行の場だけでなく、癒しの場となって人々に開かれていく。今日、京都で目にする寺の多くはこの時代のものである。

人の集まる市の門に立って念仏と浄土信仰を勧めた 空也上人の【六波羅蜜寺（ろくはらみつじ）】

六波羅蜜寺は、「市聖（いちのひじり）」とよばれた空也上人が951年（天暦5）に開いた西光寺を、のちに弟子が「六波羅蜜寺」と改名したもの。度重なる兵火を逃れた藤原・鎌倉時代の木造彫刻を中心に、数多くの重要文化財をもつが、なかでも有名なのが、運慶の四男康勝作の空也上人像だ。口から6体の小さな阿弥陀仏を出すという特異な形で人目をひくが、これは「念仏の「南無阿弥陀仏」の6文字を造形化したものだという。

このほか本堂には、悪疫退散を念じて空也が刻んだという本尊の十一面観音立像（国宝）が安置されており、12年に1回、辰年にのみ開帳されている。

西国三十三所観音霊場の第十七番札所。都七福神まいりのひとつ（弁財天（べんざいてん））。

山中に一人修行する「明恵上人樹上座禅像」でおなじみ。 明恵上人が開いた【高山寺（こうざんじ）】

はじめ天台宗の寺として創建。のちに明恵上人が開いて華厳宗の根本道場となり、現在は真言宗単立寺院。鳥羽僧正筆と伝わるユーモラスな「鳥獣人物戯画」（展示されているものは複製）や、樹上で静かに座禅する明恵上人の姿を描いた「明恵上人樹上座禅像」などが有名で、同寺には国宝8点、重要文化財が約1万点所蔵されるというお宝の宝庫である。

明恵は日本で初めて茶を栽培した茶祖としても知られ、境内には栄西が中国から持ち帰った茶の種を栽培したという茶園もある。寺のある一帯は国の史跡に指定され、春には桜、秋には紅葉が目を楽しませてくれる。世界遺産（文化遺産）に指定される古刹のひとつ。

日本「喫茶道」ここに始まる！ 栄西が建立した【建仁寺（けんにんじ）】

1202年（建仁2）、日本禅宗の祖とされる栄西が創建した臨済宗建仁寺派の総本山。1386年（至徳3）京都五山の第3位となった名刹。詩文芸術に秀でた禅僧を輩出、五山文学と称される文芸をつくりだした文学サロンでもあった。広々とした境内には重要文化財の勅使門、山門、仏殿、方丈が一直線に並び、京都最古の禅寺らしく静かで厳粛な雰囲気が漂う。

日本に茶をもたらした栄西にちなみ、毎年4月20日の誕生日には本坊で四ツ頭茶会（よつがしらちゃかい）が催され、禅宗古来の茶法を披露。方丈裏には、秀吉の茶会で使われた茶室「東陽坊（とうようぼう）」も残る。俵屋宗達の代表作「風神雷神図（ふうじんらいじんず）」（複製）が方丈に展示されている。

建仁寺の枯山水庭園。庭に面した広縁に腰を下ろしてゆったり鑑賞したい。

応仁の乱後、あの一休さんが再興した【大徳寺】

臨済宗大徳寺派の大本山。1319年（元応元）、大燈国師が創建。かつては「本朝無双の禅苑」として京都五山の上に置かれたが、応仁の乱で灰燼に帰した。

このとき荒廃した大徳寺を復興させたのが「一休さん」として後世の人に親しまれている一休宗純だった。彼は後小松天皇の落胤ともいわれる秘密の出生のためか世捨て人に近い生活を送っていたらしいが、その人柄にひかれる人は多く、新興の堺の町衆や越前の大名、朝倉氏などと交流を深めている。

彼が大徳寺の住持となったのは81歳のことである。それからは諸大名が建物や寺領を寄進。広大な境内に、22もの塔頭を擁する大寺院となった。豊臣秀吉がここで織田信長の葬儀を営んだことでも知られる。

金毛閣とよばれる三門は、千利休の援助によって完成したが、門の上層に利休の像を安置したことから秀吉の怒りを買い、利休切腹の一因となったといわれている。

多くの塔頭のうち、大仙院、龍源院、瑞峯院、高桐院の4つが常時拝観可。国宝の方丈は非公開だが、春と秋に特別公開される。

大徳寺大仙院の庭園。隅の2つの縦長の石が険しい山をあらわし、そこから流れ落ちた水が大河となり大海に注ぐさまが、石や白砂で表現される。

中国・明代の雰囲気を色濃く残し、異国情緒あふれる隠元禅師ゆかりの【萬福寺】

江戸初期に明から渡来した僧・隠元が1661年（寛文元）に建立した黄檗宗の総本山。江戸中期まで、おもに中国僧が住職を務めたことから、随所に明朝の文化が伝えられているのが特徴で、日本ではほかに例のない中国風禅宗伽藍の建築群として、主要建物23棟、回廊などが重要文化財に指定されている。

「卍くずし」の高欄、「黄檗天井」とよばれるアーチ形の天井、扉に彫られた桃の実の形をした「桃符」と「魚梆」など、どれも異国情緒たっぷり。三門、天王殿、仏殿、法堂など回廊でつながれた建物の配置は、全体を見ると龍の形をしているという。飾り、食事の時間を知らせるという。

寺内では隠元禅師が中国から伝えた中国風精進料理「普茶料理」が味わえるのも魅力のひとつ。

屋根の反りなどにどことなく中国の香りがする萬福寺。金色に輝く布袋像もあって、さながら中国旅行気分。

古寺を訪ねる

念仏が響きわたる法然ゆかりの知恩院（ちおんいん）

参拝者を圧倒させる世界最大の楼門

国宝に指定されている三門。徳川秀忠によって建造された。

　知恩院を訪れる人が、まず目にするのが三門である。誰でも、その幾何学的な美しさ、華頂山（かちょうざん）を背にしてそびえる偉容に感嘆せずにはいられないだろう。

　現存するわが国最大の楼門であり、木造の楼門としては、世界最大でもある。

　通常は「山門」とあらわすが、知恩院の場合は悟りに通ずる3つの解脱（げだつ）の境地（空・無相・無願）を表わす門（三解脱門）の意味で、「三門」と書きあらわしている。

　三門の楼上は仏堂となっており、釈迦牟尼仏像（しゃかむにぶつぞう）、十六羅漢像（じゅうろくらかんぞう）を安置している。また、天井や壁などには、狩野（かのう）探幽一派による天女や飛龍が極彩色で描かれていて、荘厳な雰囲気を生み出している。

　また、院内には知恩院の七不思議とよばれる事物が散在しているが、そのひとつが、楼上内部に置かれた「白木の棺（ひつぎ）」である。棺の内部には、三門を建立した棟梁（とうりょう）、五味（ごみ）金右衛門夫妻の木像が安置されている。金右衛門は命がけで工事に当たったが、予算が超過し、夫妻はその責任をとって自刃したという。なお、三門内部は通常は非公開。特別公開時のみ拝観できる。

　このほかに、歩くと鶯の鳴き声に似た音が出る御影堂（みえいどう）の「鶯張（うぐいす）りの廊下」や、正面の軒裏に置かれた骨だけの「抜け雀（すずめ）」、廊下には菊の間の襖（ふすま）に描かれた「三方正面真向（さんぼうまむかい）の猫」、大方丈への入口廊下の梁（はり）に置かれた「大杓子（おおしゃくし）」、黒門への登り口の路上には「瓜生石（うりうせき）」がある。

　残念ながら、集会堂は修理中で、現在見ることができるのは「忘れ傘」「鶯張りの廊下」「瓜生石」の3つのみ。鶯張りの廊下は、写真パネルなどで七不思議を詳しく紹介している。

大方丈・小方丈　重文

いずれも徳川将軍の旅舎として建てられた。大方丈には快慶作とされる阿弥陀如来坐像や、狩野派一派による華麗な障壁画があり、小方丈もまた狩野派の手になる水墨画が見られる。

勢至堂　重文

寺域の最も奥に位置する堂で、法然が入寂した大谷禅房の旧跡。1530年の建立で、知恩院最古の仏堂と伝えられる。内部の須弥壇には、法然の幼名勢至丸にゆかりの勢至菩薩が安置。

法然上人御廟

内部の須弥壇には法然上人の遺骨がまつられている。手前の拝殿から、向唐破風の門越しに参拝することができる。

赤字 国宝指定建造物
青字 重要文化財建造物

経蔵　重文

「宋版一切経」5969帖（重文）を蔵する輪蔵を据えられ、これを一回転させれば、一切経を読誦したのと同じ功徳を積んだことになるという。天井には狩野山楽の筆になる極楽浄土が描かれている。

大鐘楼　重文

1636年に鋳造された、高さ3.3m、口径2.8mと日本最大の梵鐘がある。重さも約70tあり、当初は鐘を吊るす環がすぐに壊れてしまったが、これを聞いた刀匠正宗、村正の兄弟が環を鋳造し、ようやく無事に吊るされたという。

御影堂　重文

1639年に、徳川家光の寄進によって建造。内部には、須弥壇と宮殿が据えられ、法然自身が開眼した法然上人坐像や、法然の護持仏だった阿弥陀如来立像（重文）などがまつられている。

華頂山知恩教院大谷寺（知恩院）

【宗派】浄土宗総本山
【創建】1175年（承安5）

◆アクセス
京都府京都市東山区林下町400
電話：075-531-2111
交通：京都駅より市バスで知恩院前下車徒歩5分、または地下鉄東西線東山駅下車徒歩5分。

法然上人入寂800年に向けて整備事業が続く

知恩院を開いたのは、法然上人。24万㎡におよぶ広大な境内には、大小あわせて100棟を超える堂宇が建ち並ぶ。とても1日ですべてを回りきれるものではない。

宗祖法然をより深く知りたいのであれば、上人をまつる御影堂（本堂）と、法然が専修念仏を説き、入寂したかつての本堂である勢至堂にはぜひ参拝したい。

2011年（平成23）は、法然上人入寂後800年にあたる。これにむけて、現在大規模な整備事業が続いている。

歴史探訪ガイド

知恩院〜平安神宮周辺

王朝文化の面影を伝える東山山麓

回遊式庭園が美しく、御所の趣を伝える青蓮院。

東山は鴨川の東側、北の比叡山から南の稲荷山に連なる山の総称。中ほどの知恩院周辺は貴族の別荘があった所、花の名所としても有名だ。

天皇ゆかりの社寺が続く

京阪本線四条駅から四条通を東に向かえば、正面が八坂神社。白河法皇が祇園女御のもとへ向かう途中鬼に遭遇、それを平忠盛が、灯籠に火を入れる社僧と見破った逸話にちなむ忠盛灯籠がある。東には約850本の桜が植わる円山公園。中央の祇園枝垂桜は、京都屈指の銘木だ。

公園から東へ向かうと、建礼門院や安徳天皇ゆかりの長楽寺が建つ。道を戻って知恩院を拝観し、三門前の道を北へ向かう。代々皇族や足利将軍家が「門跡」となった青蓮院があり、白壁の築地塀と親鸞上人の手植えという楠の巨木が目をひく。さらに進み、三条通一筋手前の道を右折すると粟田神社。大祭に用いられる剣鉾は祇園祭の山鉾の原型といわれる。参道を出て北へ向かえば三条通。

さらに北へ向かい、丸太町通を西に、岡崎道で左折すると桜が見事な岡崎公園があり、公園北側には平安神宮がある。朱塗りの楼門と大極殿は、平安京大内裏朝堂院に建っていた原型を8分の5に縮小復元したもの。神苑はアヤメ、花ショウブなども美しいが、約150本の八重紅枝垂桜の季節は多くの人が訪れる。

花の名所が多いエリア

地下鉄東西線蹴上駅の北側には、インクライン(傾斜鉄道)跡がある。琵琶湖疏水は、蹴上で急勾配となるため、斜面にレールを敷き、大津から来た船を台車に載せて往来させた。その史跡である。ここを北へ直進、最初の道を左折すると山県有朋の別荘、無鄰庵。東山を借景とし、琵琶湖疏水から水を引き入れた雄大な池泉回遊式庭園が美しい。

少し戻り、橋を渡ると南禅寺。とは、亀山上皇の離宮。三門は、歌舞伎の『楼門五三桐』で石川五右衛門が「絶景かな」と見得を切る場面で知られるが、桜や紅葉の季節、楼上からの眺めはまさに絶景だ。境内西の静寂な道を北へ行くと右手に永観堂がある。平安時代、一帯は山里で、「奥山の岩垣もみぢ散りぬべし照る日のひかり見る時なくて」と、『古今和歌集』に詠まれている。

北へ行き春日北通を左折すると修験道で知られる門跡寺院・聖護院が建つ。1788年(天明8)の京都御所火災の際、光格天皇の仮皇居となった。天皇ゆかり遺品が残る。丸太町通を西に進めば丸太町駅だ。

おすすめ探訪コース

所要時間 約3.5時間

四条駅 京阪本線
↓ 徒歩8分
八坂神社
↓ 徒歩すぐ
円山公園
↓ 徒歩2分
長楽寺
↓ 徒歩10分
知恩院
↓ 徒歩8分
青蓮院
↓ 徒歩10分
粟田神社
↓ 徒歩20分
東山駅 地下鉄東西線

【アクセス】京都駅からJR奈良線で2分、東福寺駅下車、京阪本線準急に乗り換え6分、京阪四条駅下車。東山駅から地下鉄東西線で6分、烏丸御池駅下車、地下鉄烏丸線に乗り換え6分、京都駅下車。

おすすめ探訪コース

所要時間 約4時間

蹴上駅 地下鉄東西線
↓ 徒歩3分
無鄰庵・インクライン
↓ 徒歩5分
南禅寺
↓ 徒歩3分
永観堂
↓ 徒歩15分
岡崎公園
↓ 徒歩すぐ
平安神宮
↓ 徒歩5分
聖護院
↓ 徒歩15分
丸太町駅 京阪本線

【アクセス】京都駅から地下鉄烏丸線で6分、烏丸御池駅下車、地下鉄東西線に乗り換え8分、蹴上駅下車。丸太町駅から京阪本線準急で8分、東福寺駅下車、JR奈良線に乗り換え3分、京都駅下車。

古寺を訪ねる

民衆を救う「他力」の教え
親鸞ゆかりの
西本願寺
東本願寺

金の装飾に彩られた西本願寺の阿弥陀堂門。

創建の地から数度におよぶ移転、そして東西に分裂

西本願寺も東本願寺も、京都駅のすぐ北に位置する。もとはひとつの寺院であり、親鸞上人の没後10年、娘の覚信尼が廟堂を東山の大谷に建てたことに始まる。

本願寺は受難の道を歩んでいる。室町中期、8代門主・蓮如が積極的に教化に乗り出し信徒を飛躍的に増やしたが、延暦寺の反感を買い、堂宇は破壊されてしまう。

11代門主・顕如の時代には織田信長と対立し、その争いは11年におよんだ。この間、東山大谷から山科、大坂(大阪)石山、紀伊鷺ノ森と移り、1591年(天正19)豊臣秀吉の寄進を受けて、京都六条堀川に寺域を定めたのである。

東西に分かれたのは、1602年(慶長7)のことである。顕如没後、4男の准如が後継者となるが、徳川家康が長男の教如のためもう一寺を建てた。これが東本願寺だ。以後、もとの本願寺は西本願寺とよばれるようになった。

伽藍、寺宝と見どころの多い西本願寺
東本願寺は別邸の渉成園も必見

西本願寺の御影堂(重文)は、親鸞上人像をまつる。2008年(平成20)まで修理中だが、有名な飛雲閣(国宝)、念仏の祖師たちの影像を安置する阿弥陀堂(重文)、桃山建築を代表する唐門(国宝)や書院(国宝)など、見どころは多い。

東本願寺の総門は、烏丸通に面した堂門。ここをくぐると、正面に壮大な規模を誇る御影堂(2008年まで修理中)、左手に阿弥陀堂が並び、両堂の前は白洲が広がる清浄な空間だ。

阿弥陀堂　重文

西本願寺の本堂。1760年の再建で入母屋造り本瓦葺き。本尊は阿弥陀如来立像。

御影堂　重文

西本願寺の根本道場で1636年の建造。内部には、蓮如が「根本の御影」とよんだ木造親鸞坐像が安置されている。

唐門　国宝

桃山期の代表的な門。全体に施された獅子に牡丹、麒麟や鳳凰などの彫刻の華麗さに見とれて日の暮れるのも忘れるという意味で、「日暮門」ともよばれる。

飛雲閣　国宝

豊臣秀吉が築いた聚楽第から移築したといわれる名閣。3層の構造はさまざまな屋根の形、窓の形で変化をもたせ、随所に遊び心を感じさせる意匠が見られる。

西本願寺

赤字　国宝指定建造物
青字　重要文化財建造物

龍谷山本願寺（西本願寺）

【宗派】浄土真宗本願寺派本山
【創建】1272年（文永9）

◆西本願寺アクセス
京都府京都市下京区堀川通花屋町下ル
電話：075-371-5181
交通：市バス西本願寺前下車すぐ、またはJR京都駅より徒歩約15分、または地下鉄五条駅より徒歩約10分。

いずれも、明治期にのべ200万人の手によって再建されたもので、再建から100年を超えた両堂は、すでに古寺の風格をまとっている。

烏丸通りをはさんで東には、東本願寺の別邸で、国の名勝に指定されている渉成園がある。周囲にカラタチ（枳殻）が植えてあったことから、「枳殻邸」ともよばれる。

平安前期の左大臣・源融の邸宅、河原院（鴨川沿いにあった）の遺構といわれ、その豪華壮麗な建築から、融は光源氏のモデルとされた。印月池には島や橋が配され、四季を通じて風雅な眺めが楽しめる。

東本願寺

桜下亭 (おうかてい)
円山応挙の障壁画30面で飾られる座敷が有名。これらは岐阜別院から移したものである。非公開。

大寝殿 (だいしんでん)
東本願寺で最古の建物で、1867年に建造された。周りに建つ白書院や能舞台と渡り廊下でつながれているが、廊下だけが石造りなのは、火事の延焼を防ぐためだという。

阿弥陀堂
本尊阿弥陀如来立像を中心に高僧たちの御影がまつられている。本尊の左には聖徳太子像、右に法然上人と、インドの龍樹(りゅうじゅ)、天親(てんしん)、中国の曇鸞(どんらん)、道綽(どうしゃく)、善導(ぜんどう)、日本の源信像が掲げられている。

御影堂 (ごえいどう)
現在ある御影堂は1895年の再建で、南北76m、東西58m、高さ38mと、世界最大級の木造建築とされる。内部には宗祖親鸞聖人の御真影が納められている。

真宗本廟 (しんしゅうほんびょう)(東本願寺)
【宗派】真宗大谷派本山
【創建】1272年（文永9）

◆東本願寺アクセス
京都府京都市下京区烏丸通七条上る常葉町
電話：075-371-9181
交通：市バス烏丸七条下車徒歩1分、またはJR京都駅より徒歩5分、または地下鉄烏丸線五条駅下車徒歩5分。

東本願寺御影堂（現在は修復中でテントで覆われている）。

花ひらく室町文化

知って訪ねる

日本美の原点
室町文化の華と「わび・さび」

幕府衰退期の 東山文化

15世紀後半、応仁の乱後に東山に隠棲した8代将軍義政の時代、禅宗様式が深まり、簡素で幽玄な美しさが尊重された。

華やかな公家文化と力強い武家文化が融合し、まばゆいばかりに光り輝く「北山文化」。かたや、中国文化や禅宗の影響を受けて、わび・さびを基調とする簡素で深みのある「東山文化」。室町将軍たちの夢が紡ぎ出した栄華と陰翳は、その後の日本人の美意識に、はかりしれないほどの影響を与えた。

幽玄美をたたえる銀閣寺。

幕府の庇護で発展 京都 五山

市中の臨済禅の各寺院には序列があった。南禅寺は五山の上で別格。各寺院の禅僧は芸術や外交など、政治と文化の各方面で活躍した。

足利義政が建立した
銀閣寺 →P90

臨済宗南禅寺派総本山の
南禅寺
高さ22メートルの三門(重文)をはじめ、方丈(国宝)、襖絵(重文)など、見どころが多い。1291年(正応4)、亀山上皇の離宮を禅寺に改めたもの。

室町幕府の全盛
花の御所
3代将軍義満の時代に築かれた幕府の政庁。周辺には有力な武将が屋敷を構えていた。

京都最古の禅寺
建仁寺
1202年(建仁2)、栄西によって開かれた京都で最古の禅寺。五山の第3位で、俵屋宗達の「風神雷神図屏風」や枯山水の庭園「大雄苑」などが見事。

雪舟も修行した
相国寺
五山の第2位。市街にありながら今なお堂々たる伽藍がそびえ、京都を代表する臨済寺院。3代将軍義満の創建、豊臣秀頼の再建。

幕府隆盛期の 北山文化

14世紀末、足利幕府に安定をもたらした3代将軍義満の時代、平安以来の華麗な貴族様式と大陸渡来の禅宗様式が融合した。

北山文化の象徴
金閣寺 →P86

足利尊氏が開基の
天龍寺（てんりゅうじ）

京都五山第1位。池泉回遊式庭園は、嵐山と亀山を借景として四季折々に豊かな表情を見せる。1339年（暦応2）、足利尊氏が後醍醐天皇をはじめ、南北朝争乱の犠牲者を弔うために建立。

池に映る姿もまばゆい金閣寺。

象徴化された自然美
名庭

自然をそのまま写しとった回遊式庭園、抽象絵画のような精神性を帯びた枯山水庭園など、日本庭園の伝統が確立。

苔寺の名で知られる
西芳寺（さいほうじ）

緑の苔に覆われた庭をもち、苔寺の名で知られる。奈良時代、行基が創建、池庭は聖徳太子の別荘であったと伝える。1339年（暦応2）に造園家としても名高い夢窓疎石が再興した。

枯山水の名庭が広がる
龍安寺（りょうあんじ）

禅の極致を表現しているという石庭が有名で「虎の子渡しの庭」とよばれる。1450年（宝徳2）、細川勝元が徳大寺家から山荘を譲り受け、妙心寺の義天玄承を開山として創建した。

苔に覆われた西芳寺の庭。

室町文化の華と「わび・さび」

貴族・公家から武士階級へと文化の担い手が移りつつあった室町時代。北山文化を代表する「金閣寺」、東山文化を代表する「銀閣寺」を中心に、書院造り・枯山水庭園・茶の湯・生け花・能・水墨画などが盛んになり、日本文化の美の原点がこの時代に、ほぼ出揃った。

北山文化　1397年（応永4）

室町幕府3代将軍義満　北山に豪華な別荘「金閣」を造営。

3代将軍義満が、京の北西部の北山に居を構えることにしたのは、将軍職を長男義持に譲り、自分は都の中心より離れた場所から、世の中全体を見渡すことにしたからだ。建てられた場所から「北山殿」とよばれ、「金閣」はその中心にあたる。漆地に金箔を貼った絢爛豪華な建物は、当時から人目を引き、「金閣」の通称が生まれた。しかし義満が亡くなると北山殿は解体。金閣だけは禅院の「鹿苑寺」として残された。

和漢の建築様式を交えた3層建て。義満はこの2層部分で、しばしば宴席を催したという。

名庭　1339年（暦応2）

夢窓疎石が「天龍寺」を開山。庭園文化、ここに花開く。

夢窓疎石は、南北朝から室町初期の臨済宗の僧。足利尊氏に滅された後醍醐天皇の冥福を祈るために天龍寺建立を計画。造営資金を調達するため、貿易船・天龍寺船を派遣させるなどの政治的手腕を発揮して、天龍寺を完成させた。

夢窓疎石は造園にも卓越した才能をみせ、彼のつくった天龍寺の曹源池庭園は、日本初の特別名勝に指定されている。そのほか彼の作には「苔寺」として名高い西芳寺庭園や、鎌倉の瑞泉寺庭園などがある。細川勝元の発願という龍安寺石庭も「虎の子渡し」とよばれ有名。

大方丈（右）と書院（左）前に広がる曹源池。夢窓疎石の禅風がみなぎる名庭である。

能　室町前期

観阿弥・世阿弥の親子、高度な詩劇「能」を大成させる。

芸能の分野では、足利義満の保護を受けた観阿弥・世阿弥の親子が、物真似を軸として始まった猿楽の能を、上品な優雅さと「幽玄」の美意識をもった舞台芸にまで高めた。しかし、比類なき名人として君臨した世阿弥も、義満の死後はライバルである音阿弥に将軍家の寵を奪われ、72歳にして佐渡に流されるという不幸な後半生であった。

能面。1つの面で喜怒哀楽さまざまな感情を表現する。

京都五山　1386年（至徳3・元中3）

「京都五山」確定！最上位は南禅寺に決まる。

五山とは禅宗寺院で最上の寺格を示す5つの官寺（政府が住持を任命する寺）。禅宗の保護と統制を目的に定めたもので、数回の変遷を経て最終的に1386年、足利義満の時代に京都と鎌倉それぞれの位次が確定した。ちなみに鎌倉五山は、第1位建長寺、第2位円覚寺、第3位寿福寺、第4位浄智寺、第5位浄妙寺。

五山之上
南禅寺
[見どころ] 1291年（正応4）、出家した亀山上皇が離宮を禅寺に改める。臨済宗南禅寺派の大本山。狩野探幽作の襖絵「水呑みの虎」。小堀遠州の手による方丈庭園。

1位　天龍寺
[見どころ] 1339年（暦応2）、夢窓疎石が開山。臨済宗天龍寺派の大本山。夢窓疎石作の曹源池庭園。

2位　相国寺
[見どころ] 1392年（明徳3）、足利義満が開基、春屋妙葩が開山。臨済宗相国寺派の大本山。狩野光信作の「幡龍図」（鳴き龍）。

3位　建仁寺
[見どころ] 1202年（建仁2）、栄西が創建。臨済宗建仁寺派の大本山。俵屋宗達「風神雷神図屏風」。枯山水式庭園「大雄苑」。

4位　東福寺
[見どころ] 1236年（嘉禎2）、九条道家の発願により創建。臨済宗東福寺派の大本山。日本最古の三門。通天橋からの紅葉。

5位　万寿寺
1097年（承徳元）、白河上皇が建立。現在、臨済宗東福寺の塔頭。
※一般公開はされていない。

五山之上、南禅寺。

東山文化　1482年（文明14）

東山に、わび・さびの建築、「銀閣」着工。

金箔を貼った豪華な金閣に対し、義満の孫の義政が東山に建てた銀閣寺は、下層が書院造り、上層が仏殿風で、地味だが落ち着いた佇まい。手本とされたのは京の北西部にある禅院の西芳寺（苔寺）。銀箔を貼る予定はなく、銀閣という通称は金閣との対比から生まれたらしい。1490年に義政が世を去ったため、造営も途切れ、義政の菩提をとむらう禅院の慈照寺となる。

なお、この銀閣寺東求堂にある「同仁斎」は現存する最古の小書院で、四畳半茶室の始まりともいわれている。

義政の隠棲所「東山殿」の一角に建てられた「銀閣」。創建時、第2層の外側は黒漆塗りだった。

茶　室町後期

今日も親しまれる「茶の湯」誕生。

わび・さびの極致といわれる茶道。意外にもその起源は、茶の産地などを当てる賭け事の一種「闘茶」にあるという。やがて村田珠光が、茶に禅の精神を融合させた喫茶法を始め、千利休が茶の湯として大成させた。

一方、生け花は仏前に供える供花が始まり。書院造りの建物が生まれると、床の間に花を飾る「立花」が盛んとなり、池坊専慶が大成させた。京都中京区にある六角堂の本坊は「池坊」とよばれ、ここから専慶など多くの立花の名手を輩出している。

東山文化　室町後期

墨の濃淡で壮大な風景を描ききった雪舟

鎌倉時代、中国から入ってきた水墨画を見た当時の人々はたいそう驚いたらしい。なにせ墨の濃淡だけで目の前に壮大な風景を現出させたのだから。

それから100年たった室町時代、雪舟は、「山水長巻」「天橋立図」などの名画を制作。日本の水墨画の歴史を1人で塗り替えてしまう大仕事をした。

古寺を訪ねる

3代将軍足利義満が贅を尽くした
金閣寺(きんかくじ)

水面にその美しい姿を映す金閣。まばゆく光る金色は、義満の黄金へのあこがれをしのばせる。

「俗」を超えたまばゆい金色の楼閣

金閣寺前のバス停を降り、黒門を抜けて総門に向かう。この道は秋なら紅葉が美しい。総門から拝観受付を経て辻塀沿いに歩いて右に折れる。

そこには水をたたえる鏡湖池(きょうこち)が広がり、その奥にまばゆい金色の楼閣(ろうかく)が浮かぶ。金閣(舎利殿(しゃりでん))である。1987年(昭和62)に貼り替えられた金箔(きんぱく)が、日の光を受けて輝いている。これほどまでの絢爛(けんらん)は、「俗」を超えていると思わざるを得ない。

金閣寺は北山文化発祥の地であり、ユネスコの世界遺産に登録されている。しかし、金閣自体は国宝には指定されていない。それは、この建物が1955年(昭和30)に再建された、比較的新しい建物だからである。

以前の建物は、第2次大戦前から国宝に指定されていた。しかし、1950年(昭和25)、学僧の放火により建物は炎につつまれる。僧は寺の裏山で自殺を図り、建物は全焼。国宝の足利義満像もこのとき失われている。この事件は三島由紀夫の『金閣寺』、水上勉の『金閣炎上』などの小説のテーマになっている。

現在の建物は旧状どおりに再現されたものだ。国宝ではないが、訪れる人は新しい装いによって、創建当時のきらめきを感じることができるのである。

鏡湖池を中心とした京都屈指の名庭をめぐって

金閣寺(鹿苑寺(ろくおんじ))は、京都御所の北西にある。鹿苑寺の寺名は、この寺院の元となった山荘を築いた、室町幕府3代将軍足利義満の法名にちなむ。「北山殿(きたやまどの)」、あるいは「北山第(きたやまだい)」とよばれていたこの山荘で、義満

龍門滝
中央に置かれた大石は鯉魚石といい、滝を登った鯉が龍になるという、「鯉の滝昇り」の故事にちなんでいる。

安民沢
鹿苑寺が建てられる以前、西園寺家の別業（別荘）だった時代の名残を残す池。過去に水が涸れたことがないので、雨乞いの場となったと伝えられている。

不動堂
本尊は弘法大師が彫ったという不動明王で、岩窟のなかに祀られている。参拝すると、首から上の病に霊験をあらわすといわれる秘仏。8月16日に開扉法要があり、拝観できる。

夕佳亭
茶道家金森宗和による江戸時代の建築。茅葺き屋根、数寄屋造りの3畳の茶席で、南天の床柱と萩の違い棚が設けられている。

金閣
第1層は寝殿造り風の「法水院」、第2層は和様の「潮音洞」、第3層は禅宗仏殿風の「究竟頂」と、三つの様式が調和された建造物。第2層内部の須弥壇には、観音坐像と四天王立像が安置されている。

北山鹿苑寺（金閣寺）
【宗派】臨済宗相国寺派
【創建】1397年（応永4）

◆アクセス
京都府京都市北区金閣寺町1
電話：075-461-0013
交通：市バス金閣寺前すぐ、または市バス金閣寺道から徒歩3分。

は和歌、猿楽、管弦などに興じ、ここから北山文化が花開いたのである。

義満の死後、子の義持により山荘は禅寺に改められ、舎利殿（金閣）を残して解体、鹿苑寺となった。

金閣寺の見どころは、金閣だけではない。西芳寺（苔寺）をモデルとした庭園は、国の特別史跡・特別名勝に指定された、鏡湖池を中心とした回遊式・舟遊式庭園である。苑路に導かれるまま池をめぐり歩くと、巧みに配置された石組み、植栽、そして、金閣自体がおりなす変化に富んだ景観を楽しむことができる。

歴史探訪ガイド

金閣寺〜広隆寺周辺

王朝人と室町武将ゆかりの史跡をめぐる

このあたりは古くから開け、平安時代には皇室や貴族の別業（別荘）が営まれ、室町時代には武将が寺を建立した。桜や紅葉の季節は、きぬかけの路で散策を楽しむのがよい。

武将ゆかりの名刹をめぐる

金閣寺拝観のあと、きぬかけの路を右手に向かう。突き当たりを右に回り込むと、左手に立命館大学、その向かいに日本画家堂本印象の作品を収蔵する京都府立堂本印象美術館が建つ。大学東側の道を南に向かい、右折すれば足利尊氏が夢窓疎石を開山として創建した**等持院**に着く。足利氏の菩提寺で、足利歴代将軍の等身大の木像がまつられている。民家の間を抜け再びきぬかけの路に向かい、道を渡ったところが、枯山水石庭で有名な**龍安寺**だ。1450年（宝徳2）、幕府の管領・細川勝元の建立。石庭には大海をあらわす白砂と、島を示す大小15の石。7・5・3の石組みだが、どこから見ても14個しか数えられない配置という。残りの石は禅の境地で見るのだとか。

皇室ゆかりの古寺を拝観

寺前の道を西に向かうと、**仁和寺**の仁王門が見えてくる。境内には五重塔、御所の紫宸殿を移した金堂や、清涼殿を移した御影堂があり、雅な趣が漂う。霊宝館には空海が中国から持ち帰った「三十帖冊子」、創建当初の本尊阿弥陀三尊像や、吉祥天女立像などが収められている。仁王門から南東に進むと**妙心寺**が建っている。花園上皇の離宮を禅寺に改めた名刹で、法堂の天井一面に描かれた狩野探幽筆の「雲龍図」は、どの角度から見ても睨まれているように描かれ「八方にらみの龍」とよばれる。寺から南に向かい丸太町通を西に歩くと**法金剛院**が建つ。平安初期の右大臣清原夏野の山荘を、1130年（大治5）、鳥羽上皇の中宮待賢門院が復興。本尊阿弥陀如来坐像は、光背や台座の蓮弁に華麗で繊細な彫刻が施されている。

丸太町通を渡り、JRの高架をくぐり南へ向かうと**蚕の社**（木島坐天照御魂神社）で、平安遷都以前から秦氏の居住地だった。土木や紡織技術に優れていたとされ、製糸業者の信仰を今も集めている。日本で唯一の三方正面の三つ鳥居が珍しい。

三条通に引き返し西に向かえば、京都随一の古刹、**広隆寺**だ。秦氏の氏寺で聖徳太子ともゆかり深い。国宝第1号の弥勒菩薩半跏思惟像の寺として有名。寺の仁王門のすぐ前、京福嵐山本線の太秦駅でゴールとなる。

御室桜（おむろざくら）が美しい仁和寺の境内に建つ五重塔。

おすすめ探訪コース　所要時間 約5時間

金閣寺道バス停
↓ 徒歩3分
金閣寺
↓ 徒歩20分
等持院
↓ 徒歩10分
龍安寺
↓ 徒歩10分
仁和寺
↓ 徒歩13分
妙心寺
↓ 徒歩10分
法金剛院
↓ 徒歩10分
蚕の社・広隆寺
↓ 徒歩すぐ
太秦駅　京福嵐山本線

【アクセス】京都駅から市バスで30分、金閣寺道バス停下車。太秦駅から京福嵐山本線で10分、四条大宮駅下車、京福バスに乗り換え12分、京都駅下車。

古寺を訪ねる

禅宗文化の粋を集め、わび・さびの世界が広がる
銀閣寺（ぎんかくじ）

年月を重ねて渋く変色した木肌が美しい銀閣。銀は使用されていないが、いぶし銀の雰囲気は感じられる。

参道を抜ければ白砂の盛られた異空間

銀閣寺は正式には慈照寺といい、元は、室町幕府8代将軍である足利義政（よしまさ）が造営した山荘だった。

将軍職を退いた後の余生を過ごす住居として建立、書画や茶の湯に親しむ義政が、自らの美意識のすべてをこの山荘に込め、簡素枯淡の世界を現出しようとした。

金閣寺を建てた祖父、足利義満（よしみつ）の北山文化に対して、東山文化とよばれる。寺院となったのは義政が没した年である。

石畳を歩いて総門をくぐる。そこから中門に至る白砂の敷きつめられた直線的な参道は、直角に2度、折れ曲がっている。まるで異世界への入口のようなたたずまいだ。

中門を抜けて最初に目に飛び込んでくるのは、白砂を円錐に盛り上げ、上部を水平に切り取った形の向月台（こうげつだい）。

そして湾曲して白砂の盛られた銀沙灘（ぎんしゃだん）が広がる。「銀閣」の名は、月の光を反射して輝く白砂からきているという説もある。

右手には銀閣（観音殿）、左手には方丈（本堂）が建つ。方丈の東に接する東求堂（とうぐどう）は、義政の建てた持仏堂である。

銀閣は、書院造りにつながっていくデザインが取り込まれた、東山文化の代表的建築物である。金箔を貼りつめた金閣と同様に銀箔を貼る計画があったという説もあるが、贅（ぜい）を尽くした建材や、義政の美意識の基調が、禅や茶の湯にあったことを考えれば、はじめから銀箔を貼る予定はなかったとする説が有力である。

足利氏の栄華の面影を残す2つの名庭園

銀閣寺の境内に広がる庭園は、上下2段に分かれ、上段の枯山水庭園は、1931

参道
左手は低い石垣・簡素な銀閣寺垣・アラカシの高垣の3段、右手は低い石垣・常緑樹の刈り込み混垣と高垣を配する。突き当たりを直角に曲がると、突如として向月台と銀沙灘の白砂の清浄な世界が広がる。

方丈（本堂）
2人の南画の大家が描いた襖絵で名高い。与謝蕪村による「飲中八仙図」「棕櫚に叭々鳥図」と、池大雅による「琴棋書画図」がそれで、春と秋に特別公開される。

東求堂　国宝
1486年に、義政の持仏堂として完成した書院建築。その後改修が繰り返されている。内部の四畳半の書院は、同仁斎といい、住宅建築の茶室の原型と考えられている。

赤字　国宝指定建造物

銀閣（観音殿）　国宝
第1層「心空殿」は書院造り、第2層「潮音閣」は禅宗様で、内部には須弥壇が据えられ、観音菩薩坐像（洞中観音）が安置される。

東山慈照寺（銀閣寺）
【宗派】臨済宗相国寺派
【創建】1490年（延徳2）

◆アクセス
京都府京都市左京区銀閣寺町2
電話：075-771-5725
交通：市バス銀閣寺前から徒歩7分、または市バス銀閣寺道から徒歩15分。

年（昭和6）に発掘されたもの。室町期の面影を残す庭園である。

下段は銀閣（観音殿）前に水をたたえる錦鏡池を中心としたいわゆる池泉回遊式で、特別史跡・特別名勝に指定されている。通称「苔寺」の西芳寺に、夢窓疎石が築いた庭園を参考にして、義政と善阿弥の指導によって作庭されたとされる。

造営当時は大小12棟の建造物が点在していたが、現在残る創建当時の建物は、銀閣と東求堂の2棟だけである。

山荘の完全な姿を見ることなく没した義政だが、彼の美意識に貫かれた銀閣寺の姿には、感嘆の思いを抱かずにはいられない。

歴史探訪ガイド

銀閣寺周辺をめぐる
東山屈指の名刹と桜や紅葉の名所

銀閣寺から続く散歩道、「哲学の道」は、京都を代表する散歩道。また、その西には、吉田山から南下して平安神宮へと至るルートがある。どちらも桜や紅葉の名所として知られている。

桜舞う「哲学の道」を歩く

「哲学の道」は、銀閣寺道バス停のすぐ北の、琵琶湖疏水に沿って続く。流れはしばらく先で南に折れるが、曲がらずに直進して、まずは銀閣寺を目指す。

「わび・さび」の東山文化を堪能したら、参道を引き返し、「哲学の道」を南へ。洗心橋を渡ると、浄土宗の開祖・法然が弟子の住蓮、安楽が弟子の弟子を弔うために創建された安楽寺があるが、公開は春秋の限られた期間のみなので、それ以外の時期は引き返して「哲学の道」を歩こう。安楽寺からは霊鑑寺門前を右折して疏水沿いに戻り、南へ。途中、大豊神社に立ち寄りながら進むと、しばらく先の若王子橋で疏水沿いの道は終わる。左折して熊野若王子神社を参拝したら西へ向かい、紅葉の名所として有名な永観堂（禅林寺）を拝観する。南禅寺は門前の道をさらに南へ向かえばすぐ。巨大な三門をくぐり、法堂や方丈、水路閣、塔頭の南禅院を見、あとは疏水西側に沿って南へ

四季を通じ花の寺として名高い法然院。

場所を下りた法然が庵を結んだと伝わる場所。山門には「浄土宗最初門」の額が掲げられている。

門前を右折し、岡崎通を南へ行くと平安神宮がある。拝殿は平安京の大極殿を再現したもの。明治時代に建立された神社で歴史は浅いが、その分、朱塗りの色も鮮やかで、平安京の華やかな宮殿建築を思わせる。拝観後は応天門からのびる神宮道を進み、三条通で右折すれば地下鉄東山駅だ。

吉田山から平安神宮へ

こちらの起点も、銀閣寺道バス停。左に吉田山が見え隠れするが、この先の登山口から西へ向かう。吉田神社は西へ下ると山頂へ向かう。拝観後は山裾の神社の南側を回る。途中には、日本中の神社のご利益を一度に授かれるという大元宮もある。

その先の宗忠神社を拝観したら真如堂へ。「修行者の本尊とならせたまえ」と祈ると首を振り、「しからば都に出て衆生、わけても女人を救い給うや」と問うとうなずいたという「うなずきの阿弥陀」を安置する。さらに南の金戒光明寺は、比叡山を下りた法然が庵を結んだと伝わる場所。山門には「浄土宗最初門」の額が掲げられている。

門前を右折し、岡崎通を南へ行くと平安神宮がある。拝殿は平安京の大極殿を再現したもの。明治時代に建立された神社で歴史は浅いが、その分、朱塗りの色も鮮やかで、平安京の華やかな宮殿建築を思わせる。拝観後は応天門からのびる神宮道を進み、三条通で右折すれば地下鉄東山駅だ。

おすすめ探訪コース　所要時間 約4時間

銀閣寺道バス停 → 徒歩10分 → 銀閣寺 → 徒歩10分 → 法然院 → 徒歩5分 → 安楽寺 → 徒歩10分 → 大豊神社・熊野若王子神社 → 徒歩5分 → 永観堂 → 徒歩3分 → 南禅寺 → 徒歩10分 → 蹴上駅 地下鉄東西線

【アクセス】京都駅から市バスで40分、銀閣寺道バス停下車。蹴上駅から地下鉄東西線で8分、烏丸御池駅下車、地下鉄烏丸線に乗り換え6分、京都駅下車。

おすすめ探訪コース

所要時間 約4.5時間

銀閣寺道バス停 → 徒歩25分 → 吉田山山頂 → 徒歩10分 → 吉田神社 → 徒歩10分 → 宗忠神社 → 徒歩5分 → 真如堂 → 徒歩8分 → 金戒光明寺 → 徒歩15分 → 平安神宮 → 徒歩10分 → 東山駅 地下鉄東西線

【アクセス】京都駅から市バスで40分、銀閣寺道バス停下車。**東山駅**から地下鉄東西線で6分、烏丸御池駅下車、地下鉄烏丸線に乗り換え6分、京都駅下車。

京都の祭・年中行事

都において「政」と「祭」は密接に結びついていた。はるか昔から「祭」は連綿と現在まで残り、京都は祭で始まり祭で終わる都となった。

1月

皇服茶【1月1〜3日】六波羅蜜寺
空也上人にちなんだ祭事。皇服茶の授与がある。

蹴鞠始め【1月4日】下鴨神社
鞠を蹴りあう奈良時代起源の遊び。

初ゑびす【1月8〜12日】恵美須神社
お笹など縁起物を授与。終夜、神楽の奉納あり。

柳のお加持・通し矢【1月15日に近い日曜】三十三間堂（蓮華王院）
頭痛平癒にご利益がある。弓の引き初めが有名。

2月

針供養【2月8日】法輪寺（西京区）
全国から寄せられた廃針の法要が行なわれる。

五大力尊仁王会【2月23日】醍醐寺
災難除けの五大力さん御影を授与。

梅花祭【2月25日】北野天満宮
菅原道真の祥月命日に梅花を供え厄を祓う祭。

3月

嵯峨お松明【3月15日】清涼寺
松明の火勢で稲作豊凶を占う三大火祭のひとつ。

千本釈迦念仏【3月22日】千本釈迦堂（大報恩寺）
如輪上人が始めたといわれ、遺教経を訓読で奉唱。

4月

やすらい祭【第2日曜】今宮神社・玄武神社・川上大神宮社
三大奇祭のひとつで、国の重要無形民俗文化財に指定されている。風流傘を押し立てた行列が練り歩き、赤や黒の飾り髪を振り乱した鬼たちが鉦や太鼓を打ち鳴らして舞い踊る。

左大文字

7月

祇園祭【7月1〜31日】八坂神社
16日の宵山、17日の山鉾巡行が有名な京の夏を彩る風物詩。

精大明神例祭【7月7日】白峯神宮
蹴鞠、小町をどりを奉納。精大明神は蹴鞠の神として知られる。

御手洗祭【土用の丑の日】下鴨神社・蚕の社
平安時代、貴族たちは季節の変わり目に罪やけがれを祓った。これが室町時代以降民衆にも広がったという。下鴨神社では、御手洗川に足をひたし灯明を供えて無病息災を願う人々でにぎわう。

千日詣り【7月31日】愛宕神社
この日から翌朝にかけてのお参りは千日分の功徳を得られるという。

8月

六道詣り【8月7〜10日】六道珍皇寺
冥界と現世の境にあるといわれるこの寺では、お盆に精霊を迎えるために鐘がつかれる。

五山の送り火【8月16日】東山如意ヶ岳（大文字山）ほか
火文字で精霊を送り、無病息災を願う、京都の夏の風物詩。

千灯供養【8月23〜24日】化野念仏寺
境内の約8000もの石仏・石塔に松明を捧げ霊を供養。

八朔祭法楽会・久世六斎念仏【8月31日】蔵王堂光福寺
上久世の準農村地帯を中心に継承されてきた六斎念仏。

(上) 鞍馬の火祭。各家の門口にかがり火が焚かれ、町内は幻想的な雰囲気に包まれる。(下) 時代祭。各時代の衣装が目をひき、風俗絵巻が繰り広げられる。

5月

吉野太夫花供養【第3日曜】常照寺
源光庵から常照寺まで吉野太夫の道中がある。

壬生大念仏狂言【4月21〜29日】壬生寺
鎌倉時代より伝わる伝統芸能。重要無形民俗文化財。

曲水の宴【4月29日】城南宮
川に杯を流し、和歌を詠む王朝貴族の宴。

大念仏狂言【5月1〜4日】千本閻魔堂（引接寺）・神泉苑
開山定覚が布教のため始めたことが起こりの、有声の仮面喜劇。

葵祭【5月15日】下鴨神社・上賀茂神社
行列のすべてに葵の葉が飾られ、平安朝の古典行列が見もの。

三船祭【第3日曜】車折神社
宇多天皇の大堰川での船遊びが起源。詩歌など王朝絵巻を再現。

6月

京都薪能【6月1〜2日】平安神宮
大極殿前に特設された舞台で行なわれる平安神宮初夏の風物詩。

田植祭【6月10日】伏見稲荷大社
境内で育てた早苗を神田に植える神事。田舞が奏される。

竹伐り会式【6月20日】鞍馬寺
青竹を大蛇に見立てて五段に切り分け、豊凶を占う。

（上）やすらい祭。花傘の下に入ると厄払いになる。（下）都をどり。祇園甲部歌舞練場で4月1日〜30日まで公演。

葵祭

9月

八朔祭【第1日曜】松尾大社
風雨安穏、五穀豊穣などを神に祈る行事。奉納大相撲も行なわれる。

萩まつり【中旬の土曜・日曜】梨木神社
献詠された俳句の短冊を吊るし、虫籠に鈴虫を入れて神前に奉納。

観月祭【仲秋】各社寺
平安の宮中行事として行なわれ、現在も各寺社で行事が催される。

10月

瑞饋祭【10月1〜5日】北野天満宮
瑞饋（里芋の茎）で屋根を葺いた珍しい神輿が巡行する。

御香宮神幸祭【10月上旬】御香宮神社
洛南を代表する大祭で、伏見祭ともよばれる。室町時代からの伝統が息づく華やかな風流傘が目をひく。

時代祭【10月22日】京都御所・平安神宮
平安時代から明治まで、各時代の衣装に身を包んだ約2000人が行列。

鞍馬の火祭【10月22日】由岐神社
子供の手松明、武者わらじを履いた里人たちが大松明をかついで町内を練り歩く。火の粉の中を神輿が渡御する様は壮観だ。

11月

亥子祭【11月1日】護王神社
平安朝の古儀を再現した祭。無病息災を祈り亥子餅をつく。

火焚祭【11月8日】伏見稲荷大社
本殿祭終了後に火焚神事があり、斎場の火床で火焚串が焚かれる。

嵐山もみじ祭【11月第2日曜】嵐山大堰川一帯
嵐山小倉山の紅葉が美しい時期に、社寺の船や能楽、舞楽などの芸能船が川を上り下りして技を競う。

筆供養【11月23日】正覚庵（東福寺塔頭）
筆塚の前で奉納された使い古しの筆や鉛筆を焼き、供養する。

12月

大根焚き・成道会法要【12月7〜8日】千本釈迦堂（大報恩寺）
釈尊が悟りを開いた日を記念し行なわれる。厄除けの大根供養。

おけら詣り【12月31日】八坂神社
おけら（菊科の薬草）を焚いた浄火を参拝者が火縄に移し持ち帰る。

歴史探訪研究会

奈良、京都、鎌倉、江戸など各時代の都市や、街道、城下町などの歴史や地理・文化それぞれに得意分野をもつ歴史研究家、地理研究家、編集者などで構成する研究グループ。従来の観光ガイドにはなかった新しい視点で都市を探訪。地図を通して歴史を読み解く試みに挑戦している。本書は、本グループ初の共同制作。

歴史地図本 知って訪ねる 京都

2006年7月25日	第1刷発行
2011年3月25日	第6刷発行

編著　　　　　　歴史探訪研究会
発行者　　　　　佐藤　靖
発行所　　　　　大和書房
　　　　　　　　東京都文京区関口1-33-4
　　　　　　　　電話 03-3203-4511　振替 00160-9-64227

印刷所　　　　　歩プロセス
製本所　　　　　ナショナル製本

カバーデザイン　FUKUDA DESIGN
本文デザイン　　B.C.（杉山伸一）
地図制作　　　　ジェイ・マップ、アルストゥーワン、ジェオ
地図イラスト　　今尾恵介
イラスト　　　　倉本ヒデキ
写真提供　　　　東京国立博物館、京都市歴史資料館、
　　　　　　　　徳川美術館、京都館（横山健蔵）、平等院、
　　　　　　　　中田昭、西山治朗
編集協力　　　　パーソナル企画、古谷久子、古屋泰明、
　　　　　　　　戸田恭子、遠藤野枝
DTP協力　　　　東光フォト

©歴史探訪研究会 2006 Printed in Japan
ISBN978-4-479-39144-9
http://www.daiwashobo.co.jp
乱丁・落丁本はお取り替えいたします